COMBATTRE

Du même auteur

Thomas Zribi (avec Damien Roudeau [dir.]) *Rwanda. À la poursuite des génocidaires*, Paris, Steinkis/Les Escales, 2023.

Tharcisse Sinzi
avec Thomas Zribi

COMBATTRE

Récit d'un résistant face au génocide des Tutsi

Tallandier

48, rue du Faubourg-Montmartre – 75009 Paris
www.tallandier.com

Prologue

J'ai rencontré pour la première fois Tharcisse Sinzi en février 2023 à Kigali, la capitale du Rwanda. Je réalisais un documentaire sur Alain et Dafroza Gauthier, qui poursuivent depuis trente ans des génocidaires réfugiés en France.

Sinzi s'était constitué partie civile dans l'affaire Biguma, un gendarme accusé d'avoir organisé des massacres gigantesques dans la région de Nyanza, dans le sud du pays.

Dafroza m'avait prévenu peu avant mon arrivée que son profil pourrait m'intéresser. Sinzi, grand maître de karaté, avait mené la résistance de plusieurs milliers de Tutsi encerclés sur une colline en avril 1994.

Dafroza avait ajouté qu'il n'était pas commode et qu'il n'aimait ni les Français ni les journalistes.

Malgré ses réserves, Sinzi a bien voulu me rencontrer chez les Gauthier, sans caméra. J'ai découvert un sexagénaire robuste aux yeux perçants, qui se voilent un peu lorsqu'il évoque le passé.

Il a commencé par me rappeler que la France avait soutenu le régime génocidaire et qu'il n'accordait pas facilement sa confiance. Puis il m'a expliqué pourquoi il préférait s'éloigner des micros. Raconter était pour lui une douleur, une épreuve. Cela réveillait ses cauchemars, lui qui luttait depuis si longtemps pour les effacer. Il ne s'était jamais livré ; même ses propres filles ne connaissaient pas les circonstances de sa lutte et de sa survie.

Il a fini par accepter de témoigner dans le documentaire, à condition d'être filmé là où il se sentait le plus à l'aise, dans son dojo, à cinq heures du matin, juste après son entraînement quotidien de karaté.

Je l'ai rejoint avant l'aube et j'ai attendu la fin de ses exercices. Puis il s'est assis par terre, dans son kimono siglé *Senseï Sinzi*. Ce jour-là, il n'a parlé que des autres : ses amis de la colline de Songa auprès de qui il a combattu, les femmes et les enfants qui se chargeaient de ramasser les pierres que les hommes lançaient sur des miliciens armés. Il n'a évoqué ni son propre sort ni celui de sa famille. Il ne se sentait pas prêt.

Nous nous sommes revus une première fois au début de l'été 2023, lors du procès de Biguma à Paris*. Pendant deux mois, plus de cent témoins ont été appelés à la barre, majoritairement des rescapés du génocide. Ils ont détaillé la manière dont l'élimination des Tutsi de la région avait été méthodiquement orchestrée.

Certains n'avaient jamais quitté leur campagne, ni même visité Kigali. Ils avaient pris un avion, souvent pour la première fois, quitté leur pays et atterri en France. Ils étaient arrivés au tribunal courbés, anxieux à l'idée de devoir raconter leur histoire. Ils étaient assis juste à droite de l'accusé, un homme massif entouré de deux gendarmes et protégé par une vitre blindée. La plupart des témoins ne parlaient que le kinyarwanda** et devaient espérer que le traducteur fût suffisamment efficace pour que la force de leur récit fût entendue. On leur a demandé des détails, les hommes sur leurs blessures, les femmes sur les viols ou leurs enfants disparus. C'était long et pénible. Les avocats de la défense étaient hostiles ; ils sous-entendaient parfois que les victimes n'en

* Le 4 juillet 2023, Philippe Hategekimana, *alias* Biguma, a été condamné à la réclusion criminelle à perpétuité pour génocide et crime contre l'humanité par la cour d'assises de Paris. Sa peine a été confirmée en appel le 17 décembre 2024.

** Langue nationale du Rwanda.

étaient pas vraiment et que leurs témoignages étaient trop flous pour être crédibles. « À quelle heure l'attaque a-t-elle commencé ? Quinze heures ou dix-sept heures ? » « Combien y avait-il de voitures de gendarmes ? » « Quel jour est décédée votre femme ? Et vos enfants ? »

Beaucoup de témoins étaient confus. Comment être précis trente ans après ? Comment se souvenir de tous les détails quand on se débattait pour ne pas mourir ?

Dans les couloirs du palais du justice, Sinzi, lui, se tenait droit, le regard dur. Il marchait devant les autres. En tête, comme en 1994.

Quand est venu son tour de témoigner, il est resté debout, s'est exprimé en français et a fixé son bourreau sans crainte. Lorsque l'avocat de la défense lui a demandé s'il avait vu son père se faire assassiner, Sinzi lui a répondu sèchement : « Si je l'avais vu, je serais mort avec lui. » Et quand l'homme en robe noire a fait mine de ne pas bien comprendre ce qu'il relatait, Sinzi a refusé de répéter. « Vous n'aviez qu'à vous concentrer et mieux écouter. »

Toute la salle lui a obéi et s'est tue jusqu'à la fin de sa déposition.

Le soir même, nous avons dîné ensemble et il m'a demandé d'écrire le récit de sa vie. Il se sentait enfin capable d'ouvrir la porte de sa mémoire ; qu'importait le risque pour sa propre santé mentale.

J'ai accepté immédiatement. J'ai pensé que son histoire permettrait de relater le chapitre peu abordé de la résistance Tutsi. Certains épisodes ont été racontés, le plus célèbre étant la défense des collines de Bisesero par des milliers de Tutsi face à des miliciens *interahamwe**, entre avril et mai 1994. Mais il existe des dizaines d'autres cas peu connus et qui méritent, je crois, qu'on les intègre à la mémoire collective rwandaise. Partout, les Tutsi, acculés dans des forêts, des églises, des stades, se sont battus contre des armées de tueurs lancées à leurs trousses par les autorités. Ils ont lutté avec des pierres, des bâtons, quelques outils agricoles quand ils en avaient. Et ils ont fini par céder face à la puissance de leurs adversaires.

La bataille de la colline de Songa en est une illustration. Les trois mille quatre cents hommes, femmes et enfants qui y étaient réfugiés sont parvenus à

* Les *Interahamwe* – « Ceux qui s'entendent bien » en kinyarwanda – ont constitué la principale milice rwandaise ayant participé au génocide.

s'organiser pour repousser leurs assassins, au point de devenir une obsession du régime. Il fallait en finir avec ces Tutsi qui refusaient de mourir.

À l'invitation de Tharcisse Sinzi, je suis reparti au Rwanda en janvier 2024. Il était inquiet mais déterminé. Il m'avait promis qu'il parlerait de tout, même de ses souvenirs les plus douloureux. Afin d'être plus à l'aise, il m'a proposé de quitter Kigali, de discuter en roulant, en marchant ou en nageant dans le lac Kivu. Nous avons traversé le pays, nous sommes allés dans son village d'enfance, nous nous sommes assis sous l'arbre qu'il avait lui-même planté avec sa mère quand il avait douze ans. Nous nous sommes recueillis sur les tombes de ses proches, enterrés pour la plupart sur la parcelle de ses parents. Sinzi devait faire des pauses régulières, s'étirer et effectuer quelques mouvements de karaté pour détendre son corps et apaiser son esprit. Petit à petit, ses souvenirs sont remontés. Certains étaient trop profondément enfouis et son cerveau, m'expliquait-il, refusait de les laisser s'échapper.

Il en résulte ce récit qui permet, je l'espère, de mieux le comprendre, ainsi que les origines du génocide et ses mécanismes. Sinzi raconte la folie qui s'est emparée d'un pays entier, la mort qui frappe et la manière dont il a réussi à convaincre des milliers de civils qu'il valait mieux prendre les armes plutôt que de se laisser tuer sans résistance. Il décrit aussi ce qui lui a permis de survivre : un mélange d'ingéniosité, de courage et surtout de hasard.

Enfin, il révèle comment il a tenté de se reconstruire, malgré le désespoir et la colère. Un chemin qu'il n'a pas fini de parcourir aujourd'hui.

Thomas Zribi

Depuis que nous avons commencé à travailler sur ce livre, je me réveille la nuit, ça tourne, je ressasse. J'ai parfois l'impression d'être de retour en 1994, de revivre mon cauchemar.

Je sais que replonger dans ma propre histoire me fera du bien, même si c'est dur ; mes proches m'encouragent, ils me disent de ne pas avoir peur. Mais en parlant, les images remontent et elles me font mal. Chaque année, lors des commémorations, je raconte ma lutte et ma survie aux côtés des autres rescapés. Cela devient presque automatique, nous récitons ce que nous avons accepté de dévoiler, les dates, les combats, la mort et les disparus.

Pour ce livre, je voyage plus loin, dans des zones de mon cerveau que je n'avais pas prévu d'explorer. Je vais tâcher de me rappeler, mais ma mémoire est capricieuse. Certains détails ne reviennent pas. C'est comme si des informations avaient été effacées, il y a des trous, du flou.

On m'a dit qu'il existait des exercices pour reconstruire la mémoire. Un ami rescapé m'a parlé d'une femme juive qui a inventé une méthode pour faire ressurgir les souvenirs des survivants de la Shoah. On te place dans une pièce sombre, tu dois fixer un point et raconter toute ta vie en commençant par ta petite enfance. Quand vient un blocage ou un moment trop douloureux, tu dois sauter l'obstacle afin de ne pas endommager ton cerveau et y revenir plus tard. Au fur et à mesure, les éléments se remettent en place.

Je n'en sais pas plus. J'imagine que c'est un processus pénible, mais j'aimerais essayer un jour. Je me sentirais peut-être moins vide.

I

L'ÉTAU

Le Rwanda en 1994

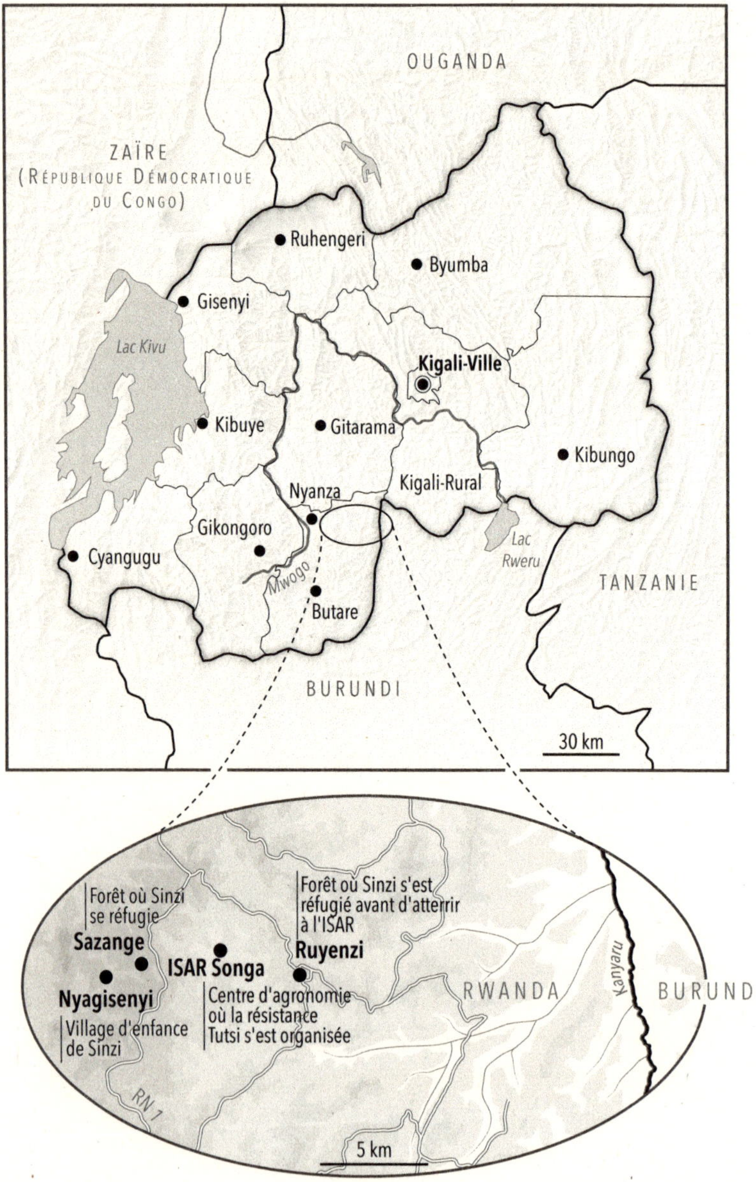

Dans la tradition rwandaise, les parents donnent deux noms à leur enfant. Un nom de baptême en français, un autre en kinyarwanda, la langue du pays.

Je suis né en 1960, je ne connais pas la date précise. Dans nos campagnes, on ne notait nulle part le jour ou le mois, ce n'étaient que des détails sans importance. C'était déjà une période terrible pour les Tutsi, le groupe minoritaire. Les Hutu venaient de prendre le pouvoir. Les Tutsi étaient exterminés par milliers. Une première étape qui allait mener, plus tard, à la solution finale rwandaise.

Mes parents vivaient à Nyagisenyi, un petit village rural de quelques centaines d'habitants, juste à côté de la région de Gikongoro où les Hutu étaient réputés plus violents qu'ailleurs. Ils assassinaient aveuglément tous les mâles Tutsi, adultes, enfants et bébés afin d'éliminer notre « race ». Régulièrement, les tueurs venaient jusque chez nous et terrorisaient les habitants.

Ma mère a accouché à la maison. Craignant pour ma vie, elle m'a attaché dans son dos et s'est enfuie vers une petite forêt à l'extérieur du village, à l'abri des attaques. C'est entre ces arbres, menacé, seul avec ma mère, que ma vie a commencé.

Mon père était caché, lui aussi, à plusieurs kilomètres de là, dans une autre forêt, avec les hommes Tutsi du village.

Huit jours après ma naissance, Shikama Zacharie, un de ses amis Hutu qui pouvait circuler sans risque, est venu lui annoncer que sa femme venait de mettre au monde un fils, moi, et que selon la coutume, il était temps de me donner un nom.

Mon père a choisi de m'appeler Sinzi, « Je ne sais pas » en kinyarwanda.

Il ne savait pas de quoi l'avenir serait fait. Est-ce que son bébé allait survivre ? Est-ce que les Tutsi allaient survivre ? Il avait peur.

J'ai longtemps ignoré pourquoi je portais ce nom. Enfant, je ne l'aimais pas, personne ne s'appelait comme moi. Plus d'une fois, j'ai demandé à mon père de le changer. Il me répondait en souriant : « Je changerai ton nom quand tu auras huit jours. »

Je ne comprenais pas.

Pour cela, il me faudrait attendre trente-quatre ans.

Le génocide a duré trois mois, d'avril à juillet 1994, et a coûté la vie à plus d'un million de Tutsi. Mais pour comprendre comment l'horreur s'est emparée de notre pays, il faut revenir longtemps en arrière, au temps des rois.

Des monarques ont gouverné le Rwanda pendant mille ans.

Le pays était structuré en une vingtaine de clans, chacun dominé par un chef, le *mwami*. Le plus puissant d'entre eux était considéré comme le roi du Rwanda.

Quand on était enfants, mes parents nous racontaient avec nostalgie des histoires de l'ancienne monarchie. Un temps béni, d'après eux, où régnait la justice.

Je me souviens de l'un de ces récits.

Un jour, le roi Yuhi IV Gahindiro, qui a dirigé le Rwanda au début du XIXe siècle, bien avant la colonisation, rencontre un chef de village nommé Kamegeri. Celui-ci lui annonce qu'un homme accusé d'avoir volé une vache va être exécuté, brûlé vif sur un rocher. Le roi, choqué par tant de cruauté, ordonne que Kamegeri subisse lui-même la peine qu'il a imaginée. Quant au voleur, s'il a commis ce crime, c'est qu'il a faim. Le roi décide de lui offrir une vache.

C'est ainsi que notre pays était dirigé : par des hommes sévères, mais bons et respectés.

Les notions de Tutsi, Hutu et Twa existaient déjà. Être Tutsi signifiait être noble, faire partie d'une classe sociale élevée. Ce statut se mesurait au nombre de vaches que l'on possédait.

Les Hutu étaient des cultivateurs, des petites gens qui travaillaient la terre.

Les Twa, que l'on assimile aux pygmées, étaient des hommes de la forêt, artisans et chasseurs.

Ces castes étaient poreuses. Un Hutu devenait Tutsi si le chef de son village lui offrait des vaches pour le récompenser, par exemple. Un Tutsi pouvait avoir un fils Tutsi et d'autres enfants Hutu, selon la place qu'ils occupaient dans la société.

Nous étions pareils, vivions tous sur les mêmes collines, croyions au même Dieu unique Imana, partagions nos repas et parlions la même langue.

C'est au temps de mes grands-parents que tout a changé.

En 1884, les dirigeants européens se sont réunis à Berlin et ont décidé de se partager l'Afrique avec un stylo et une règle. Chacun a eu droit à un bout de notre continent. Les Allemands nous ont envahis les premiers.

Quand mon père et ma mère sont nés, dans les années 1910, le Rwanda a changé de maître. C'était à la fin de la Première Guerre mondiale. L'empire allemand, vaincu, a été découpé et distribué aux Alliés. À leur tour, les Belges nous ont occupés.

Ils nous ont convertis au christianisme en nous expliquant que c'était la religion de l'amour. Dans le même temps, ils ont importé l'idéologie mortifère qui divisait les hommes en « races », certaines supposées supérieures aux autres.

Ils ont envoyé des scientifiques mesurer nos nez, nos yeux, nos bras et nos jambes, dressant des tableaux statistiques pour démontrer que les Hutu et les Tutsi ne faisaient pas partie de la même catégorie d'humains. Ainsi, ils ont transformé nos classes sociales en *ethnies*, terme qui n'existe pas en kinyarwanda. À leurs yeux, les Tutsi étaient plus grands, plus beaux, plus élancés et plus fourbes ; les Hutu plus petits, plus trapus et naturellement plus obéissants.

Les Belges se sont appuyés sur les Tutsi pour gouverner en leur offrant des postes dans l'administration coloniale. Un ressentiment est né chez certains Hutu, renvoyés à leur classe, et désormais à leur race inférieure.

En 1931, quelques années avant la naissance de ma sœur aînée, les colons belges ont décrété que l'ethnie devait être mentionnée sur la carte d'identité. Désormais, *Hutu*, *Tutsi* ou *Twa* était un tampon administratif qui ne s'effaçait pas. Mes parents étaient

Tutsi, leurs neuf enfants ont donc été enregistrés comme Tutsi, eux aussi.

J'ai grandi dans le sud du Rwanda, dans la région de Butare, la grande ville créée par les Belges en 1920 et qui a longtemps porté le nom de leur reine, Astrida.

C'est à Butare que se trouvait pendant des années la seule université du Rwanda où étaient formées les élites du pays.

On vivait à une trentaine de kilomètres, dans la campagne. Et à quatorze kilomètres au nord se trouvait l'autre ville importante de la région, Nyanza, l'ancienne capitale royale, que l'on peut apercevoir au loin depuis le sommet de la colline de Giseke, juste à côté de chez moi.

Dans mon petit village de Nyagisenyi, il y avait surtout des agriculteurs, Tutsi et Hutu mélangés, qui partageaient les mêmes soucis, le temps, la terre et la santé des vaches. Le reste ne comptait pas.

Nous habitions dans une maison construite en briques de terre et à la charpente en bois, sur le modèle de celle des anciens rois.

On n'utilisait pas de ciment, mais de l'argile pour recouvrir les murs que ma mère avait peints en bleu, kaki et rouge. Il y avait trois pièces, séparées par des paravents en papyrus. Une chambre pour les enfants avec deux grandes nattes qui nous servaient de matelas, une pour les filles, l'autre pour les garçons, et une chambre pour mes parents. Nous mangions tous ensemble dans le salon. Dans notre village, il n'y avait ni l'eau courante ni l'électricité. C'étaient les enfants qui remplissaient des seaux au puits le matin avant d'aller à l'école.

Mon père est né en 1912, il s'appelait Gakwisi Médard. C'était un paysan noble, ce qui signifie qu'il possédait un troupeau de vaches et plusieurs champs. Il était considéré comme un sage, on venait le consulter en cas de conflit dans une famille.

Si quelqu'un avait un problème avec la justice, par exemple, et qu'il devait se défendre face aux autorités, il venait lui demander conseil. Parfois, mon père aidait aussi les couples au bord du divorce à se réconcilier.

Quand il organisait une fête, il invitait tout le village et dépensait sans compter.

Il s'amusait à terroriser ceux qu'il rencontrait pour la première fois, c'était une manière de les jauger. Face à quelqu'un de timide, il se taisait. Avec un bavard, il discutait.

Grand et mince, il marchait au moins quinze kilomètres par jour pour inspecter ses parcelles et voir ses troupeaux. Comme la plupart des paysans de l'époque, il n'était jamais allé à l'école, sa famille avait besoin de son aide dans les champs. À quoi bon apprendre quand son destin est de cultiver la terre ou de s'occuper des bêtes ? Curieusement, il savait quand même lire, écrire et compter. Qui le lui avait enseigné ? Je ne sais pas. Cela lui donnait une autorité, un crédit. À ses yeux, l'éducation était un moyen de s'élever. Il a poussé ses quatre fils à bien travailler à l'école. Il nous rappelait souvent que lui n'avait pas eu la chance d'étudier.

Si le soleil tapait trop fort, ses douleurs au crâne se réveillaient. Il portait en permanence un chapeau sur la tête pour se protéger. Ce mal datait de 1963, l'année d'une catastrophe pour les Tutsi, qui avaient été massacrés par milliers par les Hutu dans la région de Gikongoro, provoquant une grande vague d'émigration dans les pays voisins. Dans cet élan raciste et violent, des hommes avaient volé plusieurs vaches à mon père qui, au lieu de se faire discret, était allé se plaindre aux autorités. Il ne savait pas, alors, que les gendarmes soutenaient les bourreaux. Ils l'avaient enfermé et torturé, frappé à coups de bâton aux côtes et à la tête. Mon père en avait gardé une méfiance pour l'uniforme et une longue cicatrice juste au-dessus de la tempe.

Mes parents étaient catholiques mais avaient une manière bien à eux de pratiquer, peut-être issue de la religion ancestrale du Rwanda. Chaque matin, ils s'agenouillaient côte à côte devant leur lit. Mon père récitait toujours la même prière : « Dieu, protège ma famille, protège mes enfants, protège mes biens, protège mes animaux, protège le pays, donne-nous tout ce que Tu as prévu pour nous. » S'ils étaient très pieux – ils croyaient en l'existence de forces supérieures –, ils ne se rendaient jamais à l'église. Ils préféraient vivre leur foi loin des temples et des prêtres. En revanche, ils nous obligeaient, mes frères, mes sœurs et moi, à assister à la messe tous les dimanches. Petit à petit, je m'en suis éloigné. Les longs monologues du curé m'ennuyaient, je ne tenais pas en place. Ce n'est que bien plus tard que je suis redevenu assidu.

Mon père était très sévère. Il répétait qu'un homme devait lutter contre ses obsessions, l'alcool, le tabac et les femmes qui risquaient de le conduire à sa perte. Il considérait aussi que celui qui ne respecte pas le temps n'est pas sérieux, il ne supportait pas que l'on arrive en retard. Même s'il ne possédait pas de montre, il savait lire l'heure en regardant le soleil ou les étoiles.

Nous vivons dans un pays équatorial où le jour se lève et se couche à peu près au même moment toute l'année. Pour lui, il suffisait de l'imiter pour que son corps se règle en fonction des saisons. Il se levait, mangeait et se couchait toujours à la même heure.

C'était un modèle, je ne voulais pas le décevoir.

J'ai longtemps dormi dans le lit de mes parents, jusqu'à ce que mon père me chasse. Je voulais rester près d'eux, tout le temps.

Ma mère s'appelait Kankindi Odette, je l'adorais. Elle avait déjà quarante-quatre ans quand je suis né. Avant moi, elle avait accouché de huit enfants, cinq filles et trois garçons. J'étais son petit dernier et elle me dorlotait.

C'était une femme grande et fine à la peau très sombre qui restait calme en toute circonstance. Je me souviens de son odeur et de la douceur de ses bras.

Elle m'a allaité jusqu'à mon entrée à l'école primaire. Pour que j'accepte de ne plus téter, elle a dû m'acheter des bonbons.

Je passais mon temps collé à ma mère. Au réveil, je courais vers elle. Elle me donnait du lait, une patate douce et des haricots. C'était un petit déjeuner de luxe. À la campagne, tout le monde n'y avait pas droit.

Elle me nourrissait tellement que je n'arrivais pas toujours à finir mon assiette. Je glissais le reste au chat et au chien de la maison qui ne me quittaient pas, heureux de profiter de tant d'abondance.

Tandis que mon père s'occupait du bétail, ma mère travaillait aux champs. Elle faisait pousser toutes sortes de légumes, du sorgho, des patates douces, du maïs, des courges ou des ignames.

Mes parents avaient les moyens de payer des ouvriers pour les aider. Comme le voulait la coutume, ils distribuaient le lait de leurs vaches aux familles les plus démunies du village. Chaque semaine, ils m'envoyaient chez un voisin Hutu très pauvre lui apporter de l'huile dont il se servait pour se débarrasser des tiques qui lui dévoraient les orteils.

La solidarité entre les paysans faisait partie de notre culture. En cas de récolte importante, si un agriculteur avait besoin de bras supplémentaires, il préparait du vin de sorgho et demandait à ses voisins de venir l'aider pendant une journée.

Le matin, ils venaient travailler chez lui et le midi, ils partageaient le vin. Le lendemain, la scène se répétait chez un autre, et ce, que l'on fût Hutu ou Tutsi.

Quelques années avant ma naissance, les premiers mouvements indépendantistes sont nés parmi les Tutsi les plus éduqués du Rwanda.

C'étaient les années cinquante. Partout dans le monde colonisé, on voulait chasser l'envahisseur et reprendre le pouvoir.

Pour les Belges, c'était hors de question. Ils tenaient à garder le contrôle du pays. Pour cela, ils ont rompu leur alliance avec les Tutsi et se sont tournés vers les Hutu qu'ils espéraient plus manipulables. Ils sont parvenus à les convaincre que tous leurs problèmes venaient non pas de la colonisation, mais de leurs voisins Tutsi.

C'est là que nos ennuis ont commencé.

Les Hutu ressentaient depuis des années une injustice que les Belges avaient eux-mêmes nourrie. Les premières élections organisées en 1961 ont été largement remportées par un parti extrémiste Hutu qui a fait campagne sur la haine du Tutsi. La monarchie est tombée et une république a été instaurée. Le premier président, Grégoire Kayibanda, a obtenu l'indépendance un an plus tard, tout en restant proche de l'ancien colonisateur belge.

Les Tutsi, eux, ont tout perdu.

La haine s'est transformée en violence et s'est propagée jusque dans certains villages. Les premiers massacres ont eu lieu dès 1959 et se répétaient, année après année. On brûlait les maisons, on abattait les vaches. Ceux qui résistaient se faisaient tuer à leur tour. Tout cela avec la bénédiction des autorités.

En 1963, un petit groupe de combattants Tutsi venu du Burundi s'est infiltré au Rwanda, provoquant des représailles terribles de la part du régime Hutu. Entre dix et quinze mille civils Tutsi ont été massacrés et des dizaines de milliers d'autres ont dû fuir à l'étranger.

Mon enfance a été marquée par la mort et le chagrin.

On apercevait parfois au loin les maisons brûler dans la région voisine de Gikongoro, située à plusieurs kilomètres, derrière la rivière Mwogo.

J'ai vu une partie de ma famille s'en aller. Quand j'avais trois ans, mes oncles, mes tantes et ma grande sœur Charlotte, qui venait de se marier, ont parcouru des dizaines de kilomètres pour se réfugier au Congo, que l'on appelait alors « Zaïre ».

Au début des années soixante, le nouveau pouvoir Hutu avait également ordonné la redistribution d'une partie des terres des Tutsi à des familles Hutu. Un champ appartenant à mon grand-père avait ainsi été attribué à son voisin Hutu qui habitait en face de chez nous.

Mais au village, pour éviter les tensions, on ne parlait pas de politique.

Mon meilleur ami s'appelait Aimable. C'est son père, Shikama Zacharie, qui était parti trouver le mien dans la forêt pour lui annoncer ma naissance.

La famille d'Aimable habitait à côté, mais il préférait dormir chez nous tant que possible.

On voulait rester ensemble. On aidait nos pères à s'occuper des troupeaux, on partageait tout, notre lit et nos repas. C'est chez lui que j'ai découvert le goût du foufou, la pâte de manioc bouillie.

Lorsque je suis entré à l'école, nous avons été séparés pour la première fois. Son père, qui n'avait pas été scolarisé, a choisi de le garder près de lui pour travailler. Aimable était intelligent, il aurait aimé étudier comme moi. Alors, le soir après les cours, je lui racontais ce que j'avais appris. Grâce à moi, il a su lire, écrire et compter.

Plus tard, mon père lui a offert une vache pour son mariage et l'a aidé à construire sa maison. Et c'est moi qu'Aimable a choisi comme parrain de son premier fils.

Il faisait partie de la famille, je le considérais comme un frère et c'était réciproque.

Ce n'est qu'à l'âge de treize ans que j'ai réalisé que j'étais Tutsi et lui Hutu.

C'était en juillet 1973, pendant les vacances scolaires. On a entendu à la radio que le président Kayibanda avait été renversé par son ministre de la Défense, après douze années au pouvoir.

Un dictateur en a remplacé un autre. Le nouveau chef de l'État s'appelait Juvénal Habyarimana, il était Hutu comme son prédécesseur. Très vite, il a durci encore davantage la politique anti-Tutsi.

À la rentrée de septembre, les choses ont changé. Les professeurs Hutu, en faisant l'appel, ont demandé aux élèves Tutsi de se lever pour s'identifier. C'était humiliant.

Quand mon tour est venu, je n'ai pas su quoi répondre et le professeur s'est fâché. En rentrant chez moi le soir, j'ai demandé à ma mère ce que nous étions, Hutu ou Tutsi ?

« Nous sommes Tutsi.

– Ça veut dire quoi, Tutsi ?

– Ça veut dire que nous sommes des gens sans pouvoir, sans défense et menacés. »

J'ai compris ce jour-là que même si on se mélangeait, si on jouait ensemble, une barrière invisible nous séparait, et que j'étais du mauvais côté. Aimable, lui, était Hutu, mais nous nous aimions, c'est tout. Au village, on faisait comme si tout était normal, même si c'est devenu de plus en plus dur.

Cette même année 1973, mes deux plus grands frères, Fidèle et Raphaël, ont dû quitter le pays à leur tour. Ils avaient dix et huit ans de plus que moi, c'étaient les deux premiers fils de mes parents. Je les admirais et rêvais de devenir aussi fort et brillant qu'eux.

Le gouvernement a décrété que les Tutsi étaient trop nombreux dans les professions dites « intellectuelles » et que le Rwanda avait besoin d'un « rééquilibrage ethnique ». Ceux qui étudiaient, enseignaient ou travaillaient dans les bureaux ont été renvoyés du jour au lendemain.

Fidèle et Raphaël étaient étudiants, l'un chez les Frères maristes, l'autre à l'université de Butare. Raphaël m'a raconté plus tard que ses camarades de l'internat sont venus le menacer dans sa chambre, armés de bâtons et de couteaux. Ses amis Hutu étaient devenus ses ennemis.

Mes frères n'ont pas eu d'autre choix que de s'enfuir.

Quand Fidèle et Raphaël sont partis, je n'ai même pas pu leur dire au revoir.

Des milliers d'autres Tutsi ont été chassés. Comme en 1959, comme en 1963, nos familles rétrécissaient au fur et à mesure des persécutions anti-Tutsi.

Le Burundi n'est pas loin de notre région. Là-bas, les gens nous ressemblent, la langue est presque la même. C'était la destination évidente pour ceux qui ne pouvaient pas rester au Rwanda. Mais la route était dangereuse.

Mes frères ont marché jusqu'à la frontière en payant un Hutu qui savait comment éviter les gendarmes. Arrivés à la Kanyaru, la rivière qui sépare nos deux pays. Ils ont dû payer à nouveau, pour que des piroguiers les fassent traverser.

Muderava Christophe, mon oncle paternel, les a accueillis de l'autre côté. C'était l'un des frères de mon père qui avait lui-même fui le Rwanda lors des grands massacres de 1963.

Il s'était installé à Bujumbura, la capitale, et a pu aider mes frères. Raphaël s'est inscrit à l'université. Fidèle, lui, a trouvé un emploi dans un magasin de pièces de rechange automobiles.

Pour mes parents, leur fuite a été un déchirement. Désormais, trois de leurs enfants étaient loin d'eux : Charlotte, l'aînée, qui vivait au Zaïre depuis 1963, et mes deux plus grands frères. Ils écrivaient tant qu'ils le pouvaient et envoyaient un peu d'argent grâce à des amis rwandais qui rentraient au pays. C'était bien peu. Mes parents les voyaient grandir à distance, il leur fallait imaginer leur nouvelle vie. Dans les années soixante-dix, le téléphone n'arrivait pas jusqu'au village, impossible de communiquer. Le départ d'un proche laissait un grand vide.

Fidèle et Raphaël n'ont pas remis les pieds au Rwanda pendant des années ; quant à ma sœur Charlotte, elle ne nous rendait que rarement visite. Il fallait éviter les ennuis. Les familles Tutsi dont les enfants s'étaient réfugiés à l'étranger étaient accusées de soutenir des agents extérieurs et donc de nuire à l'unité rwandaise. C'était une injustice insupportable : le régime poussait les Tutsi à fuir tout en punissant leurs proches restés au pays.

Charlotte arrivait en cachette la nuit et ne restait que deux ou trois jours, sans sortir de la maison, pour ne pas éveiller les soupçons. Si les gendarmes avaient eu vent de sa présence, elle aurait pu être jetée en prison et jugée pour espionnage. Nos parents nous intimaient de nous taire. Nous avons appris très jeunes à garder des secrets.

À l'école, un professeur a été plus cruel que les autres. Il s'appelait Callixte. Tous les matins, il m'attrapait par les deux oreilles, me soulevait jusqu'à ce que mes pieds décollent du sol, puis me relâchait en me giflant violemment. Il frappait tellement fort que je sentais ses coups résonner dans ma tête.

Il vivait près de chez nous et avait appris la fuite de mes frères vers le Burundi. Il me criait : « Rejoins-les là où ils sont ! »

Je n'osais pas le dire à mes parents : impossible de critiquer un professeur. Je craignais leur réaction, ils auraient forcément pensé que c'était de ma faute et que je méritais les coups. Mais au bout de quelques semaines, mes deux oreilles se sont infectées, je ne pouvais plus cacher ma séance de torture quotidienne.

Le samedi suivant, mon père a parcouru à pied les six kilomètres qui séparaient notre maison de l'école et a attendu Callixte avec son bâton. À la sortie des classes, il s'est approché de lui, furieux : « Ne touche plus jamais mon fils, sinon c'est moi qui viendrais te frapper devant tout le monde. »

Jamais un paysan n'avait menacé un professeur.

Mon père m'a attrapé par le bras et nous sommes rentrés en silence. Sa force m'impressionnait mais surtout me terrorisait. J'étais convaincu que Callixte me frapperait encore plus fort dès que mon père ne serait plus là pour me protéger. Mais il lui a obéi, il ne m'a plus jamais touché.

Ma mère m'a emmené à l'hôpital de Butare où les médecins m'ont donné des antibiotiques pour me soigner. J'en garde encore les séquelles. Je n'entends presque plus rien de l'oreille droite, et cela empire avec l'âge.

Une vingtaine d'années plus tard, alors que j'étais devenu ceinture noire de karaté, j'ai frappé à la porte de Callixte et je l'ai invité à boire une bière.

La nuit était tombée. Je lui ai dit : « Maître, si j'étais aussi violent que vous, je pourrais vous tuer en quelques coups et m'enfuir au Burundi, sans que personne ne devine la raison de votre mort. »

Il a pris peur et a baissé les yeux. Puis il m'a remercié de ne pas me venger, sans m'expliquer pourquoi il s'en était pris à moi.

Il faut préciser que Callixte était Tutsi. Lui aussi subissait les persécutions mais il se comportait comme les pires extrémistes Hutu.

Je n'ai jamais compris. Voulait-il se faire bien voir ?

En 1973, le président Habyarimana a inventé une nouvelle manière de punir les Tutsi. Il a instauré l'« équilibre ethnique et régional » – en d'autres mots, une politique ségrégationniste. Même si les Hutu étaient déjà favorisés depuis 1960, la discrimination est devenue officielle. Les autorités ont décrété que les Tutsi ne représentaient que 10 % de la population et que 10 % maximum des élèves acceptés à l'école secondaire pouvaient donc être Tutsi. Tous les élèves de l'école primaire, Hutu et Tutsi, devaient passer un examen d'entrée en secondaire. Mais quels que soient les résultats, le nombre de Tutsi ne devait pas dépasser un dixième des admis au niveau national.

Les quotas ne s'appliquaient pas qu'aux Tutsi. L'ancien président Kayibanda était un Hutu du Sud. Juvénal Habyarimana, lui, était un Hutu du Nord et tenait à ce que ceux de chez lui soient privilégiés. Ils ont obtenu les meilleurs postes, les meilleures places à l'école ou à l'université.

Les Tutsi du Sud, comme moi, étaient tout en bas de la hiérarchie. Il nous était presque impossible de poursuivre nos études après la primaire. À moins de quitter le pays.

Dans ma famille, le premier pénalisé par cette nouvelle loi a été mon troisième frère, Frédéric, qui avait deux ans de plus que moi. Comme les autres Tutsi, il n'a pas pu entrer au secondaire.

Fidèle et Raphaël, mes deux aînés qui vivaient au Burundi, ont tout fait pour convaincre mon père de le laisser les rejoindre et continuer l'école. Ils pouvaient l'héberger et payer les frais d'inscription.

Ma mère était d'accord. Mais pour mon père, c'était hors de question, il refusait de rester seul. Il avait surtout besoin de bras pour l'aider et à la maison il n'y avait plus que Frédéric et moi. Nous étions condamnés à passer notre vie au village. Frédéric a hésité à s'enfuir mais il n'a pas osé désobéir à mon père. Il a commencé à travailler à la ferme.

Deux ans plus tard, à mon tour, j'ai terminé l'école primaire et passé l'examen d'entrée au secondaire. Même si nous savions que les Tutsi n'avaient aucune chance, je suis allé lire les résultats sur le fronton de la Commune*. Mes notes étaient suffisantes, mais des enfants Hutu moins bien classés étaient passés devant moi. Dans ma classe, aucun Tutsi n'avait été accepté. J'avais quinze ans, les portes de l'école se sont refermées devant moi.

Ma mère était convaincue que j'étais trop fragile pour m'occuper des vaches. J'étais toujours dans ses jupes. Elle s'inquiétait tellement pour moi qu'elle a essayé, contre l'avis de mon père, d'organiser en cachette mon départ vers le Burundi. Mais mon père et mon frère Frédéric l'ont appris. Mon père était furieux, mon frère jaloux, « Pourquoi lui et pas moi ? ». Nous nous sommes disputés. Je voulais rejoindre Fidèle et Raphaël, étudier, porter une tenue d'écolier et des chaussures, comme les enfants Hutu que l'on voyait partir à l'internat. Étudier, c'était monter une marche sur l'échelle sociale, quitter la campagne et s'offrir un avenir plus doux. La plupart du temps, les Tutsi qui réussissaient devenaient enseignants ou prêtres. Les Hutu, eux, pouvaient accéder à des postes élevés dans l'administration ou intégrer l'armée.

Face au double refus de mon père et de mon frère, j'ai décidé de faire grève. Pendant toute une semaine,

* L'équivalent de la Mairie en France.

je suis resté assis sous un arbre en pestant. Très vite, mon père m'a fait comprendre qu'il ne l'accepterait pas et que je devais travailler. J'ai dû trouver une solution.

Un jour, le mari de ma sœur Virginie nous a rendu visite. C'était un commerçant qui vendait des vêtements d'occasion. Gentiment, il m'a donné un billet de vingt francs pour acheter des bonbons. À la place, j'ai investi dans deux paquets de vingt cigarettes Belga Rouge, une marque belge très populaire à cette époque. Je les ai revendues une par une, un franc par cigarette. J'ai doublé ma mise et racheté des cigarettes. Et ainsi de suite.

J'ai imaginé un système de troc qui m'a permis de ne plus travailler à la ferme. Contre deux cigarettes, un homme du village acceptait d'aller puiser de l'eau pour moi. Contre un paquet, un autre cultivait les champs à ma place avec mes parents pendant deux jours.

Grâce à ma mère, le troc s'est transformé en commerce. Pour m'encourager, elle m'a proposé de m'aider en me donnant du sorgho qu'elle venait de récolter. Quand on sait bien le préparer, on peut le transformer en trésor. Il faut le faire sécher cinq ou six jours, le mélanger à de la cendre dans un sac jusqu'à ce qu'il devienne noir, puis le nettoyer et l'étaler au soleil. On le moud au moulin pour obtenir de la farine que l'on mélange avec de l'eau chaude.

Après une nuit dans une grande marmite couverte de feuilles de bananier, la mixture est prête, elle mousse : c'est de la bière de sorgho.

Ma sœur m'a aidé à vendre mon breuvage aux voisins qui en raffolaient. Nous avons gagné beaucoup d'argent, ce qui m'a permis de développer mes affaires. En plus des cigarettes et de l'alcool, j'ai commencé à proposer du sel, des légumes, de l'huile et toutes sortes de produits alimentaires que j'allais acheter une fois par semaine au marché de Nyanza, à deux heures de marche, et que j'écoulais ensuite dans mon village et aux alentours. J'avais dessiné une pancarte que j'avais accrochée devant chez moi pour proposer mes articles. Quand je n'étais pas à la maison, c'était ma mère qui assurait les ventes à ma place et gardait l'argent.

Mon frère Frédéric s'est lui aussi lancé dans une carrière de commerçant. Il a investi dans un vélo, ce qui lui faisait gagner du temps. Parfois, il me prenait sur son porte-bagages jusqu'à Nyanza. Mais il ne me ramenait pas à cause de la marchandise qu'il rapportait. Il rentrait à vélo, moi à pied, un panier rempli sur la tête.

Un lundi, jour de marché, je lui ai demandé de me prêter son bolide. Il a hésité avant d'accepter, « Fais bien attention, ne va pas trop vite ! ». Son vélo était son bien le plus précieux.

Je ne faisais pas souvent de vélo. Quand les freins ont lâché dans une descente, je n'ai pas su contrôler la vitesse et j'ai chuté violemment. J'avais mal, mais je pleurais surtout à cause du vélo abîmé, « Mon frère va me tuer ! ».

Je suis rentré à la maison en sang et désespéré. Mon père et mon frère me sont tombés dessus, hurlant que je n'avais pas pris soin du vélo comme je l'avais promis. Ma mère a crié à son tour, « Vous ne pensez qu'au vélo au lieu de vous préoccuper de la vie de mon fils ! Et s'il était mort ? ».

Comme d'habitude, elle m'a défendu.

Vexé, j'ai décidé de ne plus dépendre de personne. J'ai revendu tous mes articles sans réinvestir. Il me fallait douze mille francs. Deux semaines plus tard, je suis rentré de Nyanza avec un vélo magnifique, plus beau encore que celui de Frédéric.

Mon père et mon frère se sont à nouveau fâchés. Ils m'ont reproché d'avoir mis en péril mes affaires et d'avoir acheté ce vélo sans leur demander conseil. Eux auraient pu en trouver un de meilleure qualité et moins cher. Je leur ai répondu que c'était mon argent et que j'en faisais ce que je voulais. Ce vélo ne m'a pas seulement permis d'aller plus vite. Grâce à lui, je me suis émancipé.

J'ai remonté mon activité beaucoup plus facilement que la première fois. Je multipliais les allers-retours à Nyanza avec moins de poids à porter sur la tête. J'ai commencé à bien gagner ma vie, aider mes parents et améliorer mon quotidien.

J'ai acheté ma première paire de chaussures. Je n'étais pas habitué à en porter. Mes pieds me faisaient souffrir, mais c'était un signe de réussite. Je tenais à ce qu'elles brillent.

J'ai aidé Aimable à se lancer, lui aussi. Je lui ai prêté de l'argent pour ses premiers investissements. Il vendait des feuilles de tabac, Frédéric, des vêtements, et moi, des produits alimentaires. Quand Aimable a acheté un vélo à son tour, nous avons monté un petit groupe de commerçants au village. Nous faisions les trajets ensemble. Nous roulions côte à côte, accompagnés d'autres amis, Jean-Léonard et François, Tutsi comme moi, qui avaient été empêchés de poursuivre des études.

Nos affaires tournaient bien mais nous restions jaloux de ceux qui avaient la chance d'aller à l'école. À chaque rentrée scolaire, nous ressentions la même amertume. Nous les voyions partir à l'internat, fiers et bien habillés. Quand ils rentraient au village pendant leurs vacances, ils nous impressionnaient. Ils avaient appris des danses traditionnelles, ils savaient réciter des pièces de théâtre. Le dimanche à la messe, l'abbé leur proposait de déjeuner avec lui, ils étaient invités à dîner par les professeurs.

Nous nous rassurions en nous disant que nous étions plus riches qu'eux, que nous avions des vélos et un métier. Mais nous n'y croyions qu'à moitié.

Heureusement pour notre ego, certains échouaient. Être admis à l'école secondaire ne signifiait pas la terminer. Et les Hutu du Sud, nos voisins, étaient notés plus sévèrement que ceux du Nord. Ceux qui n'obtenaient pas de résultats suffisants étaient renvoyés. Ils retrouvaient le village, traînant derrière eux leur échec. C'était une humiliation dont ils se relevaient difficilement.

C'est ce qui est arrivé à Jonathan, un copain d'enfance. Il rêvait de grandes études mais il n'a tenu que deux ans dans le secondaire. Il est rentré chez lui tête basse. Aimable et moi avons eu de la peine pour lui et lui avons proposé de démarrer un commerce avec nous. Il s'est joint à notre petit groupe et nous nous sommes rapprochés. Il était Hutu, comme Aimable, mais à ce moment-là, ça ne voulait rien dire pour nous. Nous ne nous sommes plus quittés, tous les trois.

À l'âge de dix-sept ans, deux ans et demi après avoir arrêté l'école, j'ai cherché à gagner encore plus d'argent. J'avais rencontré d'autres commerçants qui avaient trouvé un filon. Ils savaient comment passer clandestinement au Burundi pour acheter des médicaments contre la malaria, les maux de tête, la grippe ou les rhumatismes. Ils les revendaient dix fois plus cher au Rwanda, où les produits pharmaceutiques étaient hors de prix. J'ai eu envie de les imiter. Je pensais à mes frères, à mon oncle et ma tante qui vivaient à Bujumbura. Ils pourraient peut-être m'aider. Je me voyais déjà le plus riche du village.

Mais mon père et mon frère refuseraient à nouveau de me laisser quitter le pays, j'en étais sûr. Cette fois-ci, j'ai décidé de ne pas me laisser faire.

Je ne savais pas comment aller jusqu'à la frontière, encore moins comment la traverser. Il me fallait des complices. Comme d'habitude, mon alliée a été ma mère. Elle m'a conseillé de préparer ma fuite avec ma cousine Flavie, la fille de mon oncle maternel. Flavie était née au Burundi et avait déménagé au Rwanda où elle travaillait dans une grande entreprise gérée par des Blancs et qui n'était donc pas soumise à la politique des quotas. Elle faisait régulièrement la route entre notre village et le Burundi, elle pourrait me guider.

Mais je devais payer mon passage. Et pour les médicaments, il fallait aussi de l'argent.

J'ai appliqué la méthode qui m'avait déjà réussi pour acquérir mon vélo. Pendant deux semaines, j'ai vendu petit à petit tous mes articles sans en acheter de nouveaux, afin de me constituer un petit pactole. Puis je suis parti seul à Nyanza, un jeudi matin, où j'ai investi dans une paire de chaussures, des Converse bleues, des chaussettes et un T-shirt Lacoste. Des vêtements de marque. Pour commencer ma nouvelle vie, je voulais être bien habillé.

Je suis rentré chez moi, mes affaires cachées dans un sac. Je n'ai rien laissé paraître devant mon père et mon frère, ils n'ont pas deviné ce que je tramais.

Le lendemain matin, tout était prêt pour mon évasion.

J'ai agi comme si de rien n'était. Je me suis lavé, je me suis habillé et j'ai déposé mes affaires dans le carton fixé sur mon vélo. J'ai salué mon père et Frédéric et je suis parti. Nous étions à la toute fin de l'année 1977. Pour Noël, quelques jours plus tôt, j'avais acheté de la bonne bière de sorgho mélangée avec du miel que j'avais partagée avec eux. Ils ne le savaient pas, mais c'était une manière de leur dire au revoir. De leur dire aussi que, malgré mes envies d'ailleurs, je les aimais.

Lorsque j'ai sorti mon vélo, ma mère m'a suivi devant la maison. Je pleure encore aujourd'hui quand j'y pense. Pour ne pas éveiller les soupçons, elle ne m'a pas pris dans ses bras, mais il y avait tellement d'intensité dans son regard que j'ai lutté pour ne pas changer d'avis et la serrer contre moi. Le matin, au petit déjeuner, elle avait discrètement prié pour moi en me chuchotant « Sois sage ». Ce jour-là, ma mère perdait son petit dernier. Et je m'éloignais de celle que j'aimais le plus au monde.

Dans mon esprit, je partais pour une courte période ; je reviendrais bientôt les bras chargés de médicaments. Mais elle imaginait les choses autrement. Elle me répétait qu'une vie plus belle m'attendait si je reprenais des études au Burundi.

Elle avait mis ma sœur Josépha dans la confidence. Le plan était bien préparé. Elle habitait à un peu plus d'un kilomètre de chez nous. J'y ai fait ma première escale ; j'ai laissé mon vélo derrière sa maison et elle m'a donné du lait que ma mère avait préparé pour le voyage. J'ai marché jusqu'à la paroisse où passait le bus qui menait à Butare, la grande ville du Sud. Sur le chemin, mon cœur battait si fort que j'avais l'impression que tout le monde pouvait l'entendre. J'étais terrorisé à l'idée que mon père réalise que je lui avais désobéi et qu'il parte à ma poursuite.

Le bus a roulé plusieurs heures jusqu'à Butare.

Le vendredi soir, après une journée de voyage, je suis arrivé chez ma tante Suzanne où vivait ma cousine Flavie, mon autre complice, celle qui connaissait les chemins qui mènent au Burundi. Nous devions partir tous les deux le lendemain matin à cinq heures en direction de la frontière.

Butare, c'était pour moi un autre monde. J'y étais déjà venu avec ma mère quand j'avais onze ans. Nous avions passé une nuit chez Suzanne. C'était la première fois que je dormais dans un lit, sur un matelas, dans une maison avec de l'électricité et des toilettes à l'extérieur. Au retour, j'avais demandé à ma mère de m'acheter des sous-vêtements comme en portaient mes cousins. Personne n'en avait à la campagne.

Cette nuit-là, je n'ai pas dormi, j'étais excité et angoissé à la fois. J'avais menti à mes proches, à mon père, à mon frère et à mes amis Aimable et Jonathan à qui je n'avais rien dit pour ne prendre aucun risque. J'ai appris plus tard que mon départ avait tellement attristé Jonathan qu'il avait décidé de quitter le village et de changer de vie. Il avait tout abandonné, sa famille, ses proches, ses affaires, et s'était engagé dans la gendarmerie.

Le samedi matin, Flavie et moi avons pris un minibus qui conduisait à Kigembe, une petite ville au bord de la rivière Kanyaru, à une vingtaine de kilomètres. Les mercredis et les samedis, un grand marché s'y tenait, on y venait des deux côtés de la frontière. Notre plan était de passer au Burundi en nous glissant parmi la foule qui rentrait après avoir fait ses courses. Il fallait donner cinquante francs à des piroguiers pour naviguer de l'autre côté. La situation était calme à cette période, les piroguiers ne posaient pas de questions. En revanche, lorsque la tension montait et que de nombreux Tutsi fuyaient, il leur arrivait de jeter à l'eau leurs passagers après avoir été payés.

Le samedi en fin d'après-midi, nous avons posé les pieds au Burundi. Je n'avais quitté mon village que la veille, mais j'avais l'impression d'être parti depuis une éternité. C'étaient les tout derniers jours de l'année 1977.

Après avoir traversé la rivière, il fallait marcher pendant vingt kilomètres sur une piste avant d'atteindre la route nationale où nous avons pris un nouveau bus.

Par réflexe, je continuais de surveiller mes arrières en permanence, convaincu que mon père pouvait surgir à tout moment. Mais il n'est jamais parti à ma recherche.

Nous sommes arrivés à Bujumbura à la nuit tombée.

Mon oncle Godefroy, le frère de ma mère, nous attendait. J'étais trop impatient de revoir mes frères. Raphaël était interne à l'université, Fidèle, lui, n'habitait pas loin. J'ai demandé qu'on me conduise chez lui et j'ai frappé à sa porte.

J'adorais mes deux grands frères. Fidèle, le plus âgé des garçons de la famille, avait dix ans de plus que moi et prenait son rôle plus à cœur que Raphaël. Quand il vivait encore à la maison, il lui arrivait de me punir. Il m'avait même frappé quand, un jour, il m'avait surpris en train de plonger nu dans une rivière proche de chez nous, avec d'autres enfants du village. J'avais appris à nager mais Fidèle trouvait mon attitude dangereuse et inconséquente.

Ce soir-là, Fidèle a dû se demander qui pouvait bien le déranger à cette heure tardive. Quand il a ouvert la porte, il m'a vu pour la première fois depuis cinq ans et son départ précipité du Rwanda. Il lui a fallu quelques secondes pour me reconnaître, puis il m'a serré dans ses bras. J'étais heureux. J'avais quitté ma famille mais je retrouvais mon frère.

Fidèle m'a fait entrer au salon et m'a présenté sa femme qu'il venait d'épouser et que je n'avais jamais rencontrée. Il nous a offert à boire, de la bière pour les cousins qui m'accompagnaient et un Fanta pour moi. Il ne m'a pas posé de questions sur les raisons de ma présence, il m'a juste demandé des nouvelles de notre famille puis m'a montré la chambre où je pouvais dormir. Fidèle n'avait pas encore d'enfants, il avait de la place pour m'accueillir.

Bujumbura était une capitale, une grande ville, bien plus grande encore que Butare. Il y avait du monde dans les rues, des lumières, des voitures. C'était un samedi soir, on entendait les gens dehors faire la fête. La maison était encore plus moderne que celle de Suzanne. J'y voyais pour la première fois des robinets et des W.-C. à l'intérieur. Dans la cuvette, l'eau était plus pure que celle que j'allais puiser au village. Je ne comprenais pas comment un fils de paysans comme Fidèle pouvait gâcher l'eau ainsi. J'ai mis trois jours à accepter d'utiliser ses toilettes.

Le lendemain, j'ai enfilé mes beaux vêtements et mes nouvelles chaussures ; j'avais juste oublié d'acheter un pantalon, je n'y avais pas pensé ! J'ai gardé le short avec lequel j'avais traversé la rivière. Puis mon frère et ma belle-sœur m'ont emmené, pour la première fois de ma vie là encore, dans un restaurant, le Cercle Nautique, au bord du lac Tanganyika qui sépare le Burundi du Congo. Nous avons commandé des *indagara*, des petits poissons typiques de la région que l'on mange entiers en friture. Je découvrais ce plat délicieux. Et j'ai tout expliqué à Fidèle.

Je lui ai raconté ce qui m'était arrivé, la fin de l'école, mon vélo et mon petit commerce. Je cherchais quelqu'un à qui acheter des médicaments pour les faire passer en fraude au Rwanda et décupler ma mise.

Fidèle a refusé de m'aider. Il prenait son rôle de grand frère toujours autant au sérieux. Il m'a affirmé qu'être ici, au Burundi, était une chance et que je devais reprendre mes études. « Si tu n'étudies pas, tu n'évolueras pas. » Il me proposait de devenir un intellectuel, un homme respecté. Et si je voulais refaire du commerce plus tard, rien ne m'en empêcherait.

À mon tour, j'ai refusé. J'avais dix-sept ans et je rêvais d'autre chose. Je n'avais plus mis les pieds à l'école depuis la fin de la primaire et je ne m'imaginais pas y retourner. Fidèle a insisté, mais j'étais aussi têtu que lui. Il a mis à contribution toute la famille burundaise. Dans les jours qui ont suivi, ils sont passés les uns après les autres à la maison, mes oncles, ma tante. Je restais les bras croisés, inébranlable, accroché à mon idée d'organiser un trafic de médicaments. Et puis je ne comptais pas m'installer pour de bon au Burundi. Je ne voulais pas vivre loin de ma mère.

C'est la ville qui a fini par me convaincre. Je suis tombé amoureux de Bujumbura, de son énergie, de ses frites, de ses cafés, de ses habitants propres et chaussés. Et surtout, Fidèle a eu une idée de génie : il m'a emmené à son club de karaté. Il avait commencé à pratiquer cet art martial en arrivant dans le pays et avait déjà la ceinture marron. C'était le premier karatéka que je voyais. J'ai été fasciné par la discipline, les tenues, la souplesse des combattants. C'était beau. Je trouve ça toujours aussi beau aujourd'hui, ma première impression ne m'a jamais quitté.

Sans Fidèle, je n'aurais pas découvert le karaté. Je n'aurais pas non plus repris l'école. Il a réussi à me faire rester.

Le Burundi est notre faux jumeau. C'est un petit pays peuplé de Hutu et de Tutsi où l'on parle le kirundi, une langue très proche de la nôtre. Comme nous, ils ont été colonisés par les Allemands puis par les Belges qui ont divisé la population par groupes ethniques.

La grande différence, c'est que les Tutsi sont restés au pouvoir après la colonisation. C'est la raison pour laquelle autant de Rwandais s'y sont réfugiés au fil des persécutions, des Tutsi pour la plupart mais aussi quelques Hutu qui s'opposaient au régime. Tous ces exilés n'ont jamais abandonné l'idée d'un retour au pays. Ils enseignaient le kinyarwanda à leurs enfants, leur apprenaient des poèmes ou des chansons sur leur terre perdue qu'ils allaient retrouver un jour.

Fidèle avait un ami, Albert, un Tutsi qui avait quitté le Rwanda comme lui. Il enseignait dans une école de Bujumbura et a accepté de m'y inscrire. Je n'avais plus le niveau, après plus de deux ans sans étudier ; j'ai donc repris en avant-dernière année de primaire en janvier 1978, puis en dernière année à la rentrée de septembre. J'ai dû mentir sur mon âge. J'avais dix-sept ans, j'ai prétendu en avoir treize. Les autres élèves étaient bien plus jeunes que moi, certains n'avaient même pas atteint la puberté.

Mon adaptation a été difficile. Ce n'était pas simple de maîtriser parfaitement le kirundi, et les mathématiques s'oublient vite quand on ne s'y est pas frotté pendant si longtemps. J'ai travaillé plus que les autres et j'ai fini par les rattraper.

Les relations étaient froides avec les autres élèves. J'étais le plus vieux, je ne connaissais pas le pays et ses codes. Même les fils d'exilés rwandais gardaient leurs distances. Ils pensaient, vu mon âge et mon profil, que je pouvais être un espion envoyé par Kigali. Je me suis senti très seul mais j'ai serré les dents. Puisque j'avais décidé de rester, il était hors de question de faire marche arrière.

Heureusement, j'avais le karaté.

Mon école était juste à côté du magasin où travaillait Fidèle. Tous les matins, il me déposait en voiture, il venait me chercher le soir puis nous allions nous entraîner ensemble.

Ma vie a beaucoup changé. J'étais loin de ma campagne, loin de ma mère et de ce que j'avais imaginé. Mais cela me plaisait, je suis devenu quelqu'un d'autre.

À la fin de la dernière année de primaire, le système était le même qu'au Rwanda. Il fallait passer un examen qui ouvrait les portes du secondaire aux meilleurs élèves. Sauf qu'ici, tout le monde avait sa chance, il n'y avait pas de quotas ethniques. J'ai réussi l'examen. J'avais dix-neuf ans, j'étais enfin reçu à l'école secondaire.

L'été 1979, un an et demi après mon départ, je suis rentré au Rwanda pour la première fois. J'ai emprunté le même chemin qu'à l'aller, en traversant la rivière Kanyaru un jour de marché.

Plus je m'approchais de mon village, plus je tremblais. J'avais peur des réactions de mon père et de mon frère. Mais j'ai été reçu comme un roi. J'apportais de l'argent et des cadeaux que Fidèle et Raphaël m'avaient confiés pour toute la famille. Frédéric avait récupéré mon vélo et revendu le sien, il ne m'en voulait plus d'être parti. Fidèle avait eu deux enfants que mes parents n'avaient jamais vus. Je leur ai montré des photos, raconté la vie là-bas, la grande ville et la réussite de leurs fils. Je pense qu'ils étaient heureux. Ma mère, qui s'était inquiétée de me savoir loin d'elle, était rassurée de me voir en bonne santé, beau, bien habillé et bien nourri.

J'ai retrouvé la plupart de mes amis.

Aimable m'a accueilli comme avant, comme un frère. Il avait poursuivi son commerce de tabac sans moi et n'était pas en colère que je me fusse enfui sans lui dire adieu. Il me comprenait.

Jean-Léonard et François étaient devenus chauffeurs de minibus, ils m'emmenaient parfois avec eux et je leur donnais en échange quelques cours de karaté.

En revanche, je n'ai pas revu Jonathan, le gendarme. Il avait été affecté dans une caserne loin du village et n'y revenait plus.

J'ai passé l'été chez moi, au Rwanda, et je suis retourné vers ma nouvelle vie, au Burundi.

Lorsque j'avais retrouvé Fidèle à la toute fin de l'année 1977, j'étais un enfant fragile, trop gâté et en surpoids. Mon frère s'était inquiété et m'avait emmené à l'hôpital de Bujumbura où le médecin lui avait annoncé que j'avais une tendance naturelle à l'obésité. Il fallait que je fasse du sport. C'était la raison pour laquelle il m'avait inscrit là où il s'entraînait lui-même, au Puma Karaté de Bujumbura.

Le club avait été fondé par un Tutsi qui avait fui le Rwanda en 1963 et avait découvert l'art martial japonais lors de ses études en Belgique. En arrivant au Burundi où le karaté était quasiment inconnu, il avait commencé à donner des cours à des jeunes Tutsi rwandais, réfugiés eux aussi, qui appréciaient ce lieu où ils pouvaient se retrouver et où l'on apprenait à se défendre.

Ce ne sont ni les frustrations de mon enfance ni une volonté de revanche qui m'ont fait aimer ce sport. Je me sentais tout simplement à ma place, avec des jeunes de mon âge, pas comme à l'école. J'adhérais au mélange d'effort physique et de contrôle de soi qu'exige la discipline. Le club enseignait le karaté de style *Wado-ryu*, « la voie de la sagesse » en japonais, qui insiste sur la souplesse et les esquives.

Les entraînements étaient difficiles au début. Je n'avais jamais pratiqué de sport avant, je n'arrivais même pas à faire de pompes ou d'abdominaux. Mais j'étais si enthousiaste que j'ai très vite progressé.

Plusieurs fois par semaine, j'allais au cinéma admirer mes idoles, Bruce Lee et surtout Chuck Norris, le karatéka le plus célèbre du monde. Mes entraînements sont devenus presque quotidiens au point qu'en 1982, quatre ans à peine après mes débuts, j'ai pu passer l'examen de la ceinture marron.

Et le 21 avril 1984, j'ai obtenu ma ceinture noire. C'était un grand jour pour moi. J'ai gardé précieusement le document qui attestait que j'étais devenu excellent dans mon domaine. Pour l'occasion, le fondateur du club a fait venir de Belgique son maître, Kamigaito Yoshikazu. C'était le premier Japonais que je rencontrais.

À partir de 1980, j'ai passé tous mes étés au Rwanda. Je connaissais par cœur, désormais, les chemins qui menaient à la Kanyaru et les moyens de traverser la rivière dans les deux sens. Mais à certaines périodes, le passage pouvait être dangereux. Lorsque la situation politique se tendait, les autorités resserraient les contrôles aux abords de la frontière, il fallait être prudent.

Pour voyager dans un sens ou dans l'autre, une autorisation officielle était en principe obligatoire. Le régime se méfiait de ces dizaines de milliers de Tutsi vivant dans les pays limitrophes et qui rêvaient de retour. Pour demander la permission d'entrer au Rwanda, il fallait être titulaire d'une carte d'identité que l'on obtenait à l'âge de dix-huit ans en en faisant la demande à la Commune. J'avais quitté le pays trop tôt, je n'avais pas de papiers et j'habitais au Burundi, j'étais obligé de voyager clandestinement. Mais il ne fallait pas se faire prendre. Ceux qui se faisaient attraper sans permis étaient accusés d'être des espions et jetés en prison. On entendait des histoires terribles de torture et d'assassinats. Je tâchais de ne jamais circuler seul pour pouvoir me défendre si nécessaire.

Un jour, avec d'autres Tutsi qui voyageaient avec moi, nous avons été attaqués juste après avoir traversé la rivière. Plusieurs villageois de la communauté frontalière, une milice mise en place par les autorités, nous ont surpris sur un chemin et ont tout de suite compris d'où nous venions. Ils nous ont encerclés et nous ont ordonné de les suivre. Nous étions sept, quatre hommes et trois femmes, eux n'étaient que six. J'ai crié à mes camarades de ne pas se laisser arrêter sans résistance. Nous nous sommes battus de toutes nos forces. Chacun frappait comme il le pouvait, avec les poings, les pieds ou les sacs. C'était la première fois que mes techniques de karaté me servaient en dehors du dojo. Nous avons pu nous enfuir mais l'un d'entre nous, un professeur, s'est fait piéger. Il a été conduit dans une cellule de la Commune où il a été interrogé et battu. Sa famille a dû payer une grosse somme pour le faire libérer. À cette période, il y avait toujours la possibilité de corrompre un fonctionnaire. Plus l'affaire était grave, plus c'était cher.

La vie a continué ainsi. Après la ceinture noire en 1984, j'ai obtenu mes Humanités en 1987, le diplôme de fin d'école secondaire. Je rêvais de devenir ingénieur en construction, mais la porte des études s'est à nouveau fermée.

Puisque j'étais arrivé au Burundi pendant une période calme au Rwanda, je n'avais pas pu obtenir de statut de réfugié, ce qui m'aurait facilité l'accès à l'université et offert une bourse du HCR*.

Je n'ai pas été accepté.

Mon frère Raphaël, qui était parti travailler comme agronome au Cameroun, a essayé de me trouver une place dans son nouveau pays, mais sans succès. J'étais dans une impasse. J'ai donc décidé de rentrer chez moi au Rwanda. C'était en janvier 1988, dix ans tout juste après mon départ.

J'avais vingt-huit ans et je finissais à peine le lycée. J'avais le sentiment d'avoir perdu beaucoup de temps et je ne savais pas quoi faire de ma vie. Mais j'étais heureux à l'idée de retrouver ma famille. Mes parents vieillissaient et ma mère me manquait.

Il fallait commencer par me mettre en règle. Mon père m'a accompagné à la Commune afin que j'obtienne ma carte d'identité rwandaise, ce que j'aurais dû faire à l'âge de dix-huit ans. J'avais dix ans de plus et aucune excuse qui justifiait mon retard. Mais là encore, on pouvait s'arranger. Mon père a

* Haut-commissariat aux réfugiés.

offert quelques caisses de bière et un peu d'argent au bourgmestre* pour me *faire pardonner*, le terme employé à l'époque pour la corruption. Je devais indiquer ma date de naissance : j'ai choisi 1963, me rajeunissant de trois ans. À mon arrivée au Burundi, j'avais prétendu être né en 1969 pour ne pas paraître trop vieux à l'école. Au fur et à mesure des années, moins complexé par mon âge, je me vieillissais un peu. Je ne connaissais pas le jour précis qui m'avait vu venir au monde ; j'ai choisi le 24 juin, je trouvais que cela sonnait bien.

Sur ma carte d'identité, le bourgmestre a rayé les mentions *Hutu* et *Twa*, me laissant l'ethnie la plus lourde à porter, *Tutsi*, celle de mon père.

À ce moment-là, ce n'était pas encore une condamnation à mort.

Avec mon diplôme, je m'imaginais devenir instituteur dans ma campagne, le seul métier intellectuel accessible aux Tutsi.

Mais mes amis François et Jean-Léonard m'en ont dissuadé. Ils travaillaient tous les deux dans une société de transport et conduisaient des minibus qui reliaient Butare à Kigali. Jean-Léonard m'a fait faire le tour du pays, j'ai visité le parc national de la Kagera

* L'équivalent du maire.

puis Kigali, la capitale, que je n'avais jamais vue. Il m'a dit : « Sinzi, regarde la ville, elle est faite pour toi ! Ne rentre pas au village, ce serait un retour en arrière après tes années à Bujumbura. »

Jean-Léonard était impressionné par la ceinture noire que m'avait remise le maître japonais Kamigaito Yoshikazu. Il était convaincu qu'au Rwanda, où les arts martiaux étaient si peu développés, mes compétences pourraient me servir.

À la fin des années quatre-vingt, le karaté était un sport réservé à l'armée, il faisait partie de la formation au combat. On l'enseignait à l'université de Butare. Jean-Léonard, grâce à son métier de chauffeur de minibus, avait rencontré un soldat qu'il m'a présenté. Nous avons discuté et il m'a invité à participer à un entraînement.

Je me suis retrouvé face à plusieurs dizaines de militaires en kimono. Leur capitaine, le plus gradé d'entre eux, était ceinture bleue. Ils voyaient une ceinture noire pour la première fois et m'ont assailli de questions. Ainsi, à plusieurs reprises, je leur ai donné des cours et j'ai découvert l'université.

Cela m'a donné envie d'y travailler.

Jean-Léonard, toujours lui, connaissait également l'un des doyens de la faculté d'agronomie. Il m'a obtenu un rendez-vous. Ce monsieur m'a expliqué qu'il cherchait justement un technicien de laboratoire et que mes études au Burundi, où j'avais notamment pratiqué la biochimie, faisaient de moi un candidat idéal. Il a écrit une lettre de recommandation que je devais adresser au vice-recteur de l'université. Je m'attendais à être engagé, je cochais toutes les cases. Mais après des années à l'étranger, j'avais oublié l'essentiel : j'étais Tutsi, et cela me fermait toutes les portes.

Le vice-recteur a jeté la lettre à la poubelle, et moi avec. À ses yeux, je n'avais rien à faire à l'université. Pas de recours. Les Tutsi rwandais étaient habitués, ils ne prenaient ni la peine ni le risque de protester. Mais moi, cela m'a rendu fou.

Heureusement, le karaté m'a sauvé, une fois de plus. Mes élèves soldats aimaient mes leçons et souhaitaient que je devienne leur entraîneur à plein temps. L'université avait été créée en 1963 grâce au soutien des pères dominicains du Québec qui la finançaient en grande partie. L'administrateur-trésorier était lui-même canadien.

Les militaires sont allés plaider ma cause auprès de lui.

Ce monsieur qui venait de loin ne comprenait pas les raisons de toute cette haine. Il a convoqué une réunion du Comité exécutif et fait face à une assemblée de Hutu hostiles à l'idée d'embaucher un Tutsi. Il a pointé le système absurde qui consistait à recruter trop d'enseignants dans certaines matières et pas suffisamment dans d'autres, au point que parfois, les professeurs étaient plus nombreux que leurs étudiants. À moi seul, je pouvais entraîner cinquante élèves karatékas, pourquoi ne pas me faire une place ?

Les Hutu n'ont pas eu le choix. Ils ne pouvaient pas assumer leur politique raciste en face d'un étranger. Et encore moins risquer que l'on mette le nez dans leurs petites affaires. Ils ont été obligés de me prendre.

Le poste en agronomie ayant été attribué entretemps, on m'a proposé d'être laborantin dans le centre de recherche de pharmacopée à base de plantes médicinales.

J'ai donc pu, grâce à beaucoup d'aide et de hasard, intégrer l'université de Butare. Nous n'étions que quelques rares Tutsi à avoir cette chance, chez les professeurs comme chez les étudiants.

Je travaillais au laboratoire de sept heures à dix-sept heures, puis je donnais des cours de karaté le soir. Comme j'étais nouveau et que mon village était loin, j'ai eu droit à une chambre à l'internat, équipée d'une douche et de toilettes, comme les étudiants en fin de cycle. J'étais payé quinze mille six cents francs rwandais par mois pour mon travail de laborantin et cinq cents francs par séance de karaté. Avec quatre à cinq cours par semaine – j'avais aussi été embauché par l'École française et l'École belge de Butare pour entraîner les enfants –, je touchais un salaire plus élevé qu'un professeur à l'université.

Mes élèves étaient principalement des gendarmes et des militaires Hutu – les portes de l'armée étaient alors fermées aux Tutsi. Je ne sais si, parmi eux, certains ont participé plus tard au génocide. Je préfère ne pas y penser. Le karaté ne doit être utilisé que pour se défendre, c'est ce que j'ai toujours répété dans mes cours. Si cela leur a servi à tuer, c'est tout à leur déshonneur. Je prie pour que ce ne soit pas le cas. Pendant les entraînements, nous ne parlions pas d'ethnies. Personne ne me renvoyait, alors, à ma condition de Tutsi, j'étais l'entraîneur et rien d'autre.

Au bout de deux mois, j'ai trouvé une petite maison dans le quartier de Tumba, à proximité de l'université. C'était mon premier logement, je n'avais vécu jusque-là que chez mes parents et chez mon frère Fidèle.

Ma mère est venue m'aider à m'installer. Je me souviens que nous avons passé la nuit à discuter, puis nous avons dormi l'un près de l'autre comme lorsque j'étais enfant. Je me sentais bien, heureux. Le lendemain, elle m'a expliqué comment faire pousser un potager devant chez moi. Elle avait toujours eu la main verte et dans la famille, on disait qu'elle m'avait transmis ce don. En 1972, j'étais rentré un jour avec un arbuste d'avocatier que l'on nous avait donné à l'école. Je l'avais planté derrière chez nous avec ma mère. Aujourd'hui presque toute ma famille a disparu, mais l'avocatier a tenu et donne encore des fruits. J'aime passer du temps assis sous mon arbre. J'enlève mes chaussures et je retrouve les sensations de mon enfance, je sens le contact de mon corps avec la terre. Je pense à mes parents, à mes frères et sœurs, mes oncles et tantes, mes amis. Je me souviens de la douceur de la vie, des bras de ma mère. Elle nous répétait qu'on ne devait jamais se moquer des autres et qu'il fallait être bienveillant en toute circonstance. Ce n'est pas facile mais j'essaye encore de lui obéir.

Quelques mois après mon installation à Tumba, une grande nouvelle a traversé le petit monde du karaté rwandais : deux maîtres japonais installés en Allemagne s'apprêtaient à venir chez nous.

Nous n'étions que deux ceintures noires dans tout le pays et nous avions besoin d'une autorité supérieure pour nous faire passer le grade suivant, le deuxième *dan*. L'autre était un Hutu de Kigali qui était également président de la Fédération nationale de karaté.

Rendez-vous a été pris un après-midi dans un grand gymnase de la capitale. Je m'y suis rendu avec mon équipe de l'université de Butare, lui était accompagné de ses élèves. D'autres karatékas sont venus assister à l'événement. Nous étions nombreux, excités, entassés dans la salle.

L'examen se déroulait en plusieurs étapes. Il fallait connaître parfaitement certaines techniques d'attaque et de défense, maîtriser des *katas*, des suites de mouvements précis et chorégraphiés, et terminer par un combat.

Lors de mon passage, l'un des deux Japonais m'a glissé que le Hutu de Kigali avait tenté de m'empêcher d'obtenir le grade. Il était allé les voir discrètement et leur avait juré que mon diplôme burundais était falsifié. Il m'accusait d'être un imposteur. Était-ce de la rivalité ou de la haine anti-Tutsi ? Un peu des deux, j'imagine. Heureusement, les maîtres ne l'ont pas cru et j'ai pu passer l'examen.

J'ai récité mes gammes puis est venue l'heure du combat.

J'ai décidé de le gagner.

Il fallait que le Hutu comprenne que j'étais plus fort que lui.

En principe, on ne porte pas les coups au karaté, l'objectif est juste de toucher son adversaire pour marquer des points. Ce jour-là, j'ai frappé le plus fort possible, je voulais le faire tomber. Lui aussi, en retour, essayait de me faire mal.

J'ai placé un coup de pied latéral à l'estomac, *sokuto*.

Il m'a rendu un coup de poing au creux du ventre, *tsuki*.

J'ai remporté la bataille avec un coup de pied au visage, *mawashi geri*.

L'impact était si puissant que l'un des Japonais a dû le retenir pour qu'il ne bascule pas en arrière. Nous nous sommes empoignés, ce n'était plus du karaté mais de la bagarre de rue. Il me détestait autant que moi. Les Japonais ont dû nous séparer et nous ont attribué à tous les deux le deuxième *dan*.

Le soir, nos hôtes nous ont invités au restaurant pour célébrer notre réussite. Ils voulaient surtout nous réconcilier. Ils nous ont répété que nous faisions partie de la même famille, que nous pratiquions le même style de karaté, le *Wado-ryu*, et que nous nous devions d'être solidaires. Ils n'avaient pas conscience de ce qui nous divisait et qui dépassait le cadre du karaté.

Nous nous sommes serré la main et avons fait la paix. Le lendemain, le Hutu m'a nommé vice-président de la Fédération. Je pensais que nous étions devenus amis.

J'ai mené ma vie paisiblement pendant deux ans, entre mon travail au laboratoire et les cours de karaté. Je rentrais une ou deux fois par mois au village, où je passais du temps avec ma famille et mes amis.

Puis la guerre a commencé.

*

Le 1er octobre 1990, nous avons appris que le FPR* avait attaqué le Rwanda. C'était un groupe de rebelles principalement composé de réfugiés Tutsi venus d'Ouganda. Ils réclamaient le partage du pouvoir et le droit au retour pour les exilés.

* Le Front patriotique rwandais est créé en 1987 en Ouganda par les enfants des exilés rwandais des grandes vagues d'émigration, très majoritairement Tutsi.

Ce jour-là, comme lors de la mort du président Kayibanda dix-sept ans plus tôt, toutes les administrations ont fermé leurs portes. À l'université, des affiches ont été placardées, chacun devait rentrer chez soi et y rester jusqu'à nouvel ordre. En ville, on sentait la tension. Très vite, nous avons vu passer les premières manifestations de Hutu. Ils hurlaient « *Ibyitso, ibyitso !* » (« Complices ! » en kinyarwanda), le poing levé et le regard furieux. Même à Butare, réputée calme et où les relations interethniques étaient bien plus douces qu'ailleurs, nous avons vite compris : les Hutu étaient agressés et à leurs yeux, les Tutsi étaient coupables.

Tous les Tutsi.

Nous étions depuis des décennies une population discriminée, et désormais, nous étions considérés comme des traîtres.

J'étais né caché dans une forêt, mes frères et sœurs vivaient en exil, j'avais déjà changé de pays deux fois, j'avais traversé une frontière clandestinement à de nombreuses reprises, mais ce jour-là, pour la première fois, j'ai eu peur.

Je ne suis pas sorti de chez moi pendant plusieurs jours. Puis des hommes ont traversé la ville sur des pick-up en criant dans des mégaphones qu'il était temps de retourner au travail. Je suis sorti de mon trou. La ville avait déjà changé, des barrières avaient été érigées, dont l'une juste derrière l'université où des hommes contrôlaient les papiers d'identité. Les Tutsi qui prenaient le mauvais chemin et se faisaient coincer étaient insultés et frappés. Nous avons dû nous adapter et faire des détours pour éviter les problèmes.

Quelques jours plus tard, nous avons entendu de nouveaux cris dans les couloirs de l'université. Des hommes hurlaient que tous les Tutsi devaient immédiatement sortir de leur bureau. Nous étions trop peu pour ne pas obéir. Les Hutu étaient fous de joie, ils venaient d'apprendre que le chef du FPR, Fred Gisa Rwigema, était mort au front*.

Des dizaines d'hommes nous ont encerclés. Ils nous criaient au visage des slogans célébrant la mort de l'ennemi Tutsi numéro un.

Ils ont décidé de nous humilier, de nous prouver qu'ils étaient les plus forts en mettant en scène de fausses funérailles.

Ils nous ont alignés et nous ont poussés dehors. Puis ils nous ont conduits dans le quartier de Tumba où j'habitais. Là, ils ont ordonné à quatre Tutsi de porter un tronc d'arbre représentant le corps

* Fred Gisa Rwigema, chef et cofondateur du FPR, est tué le 2 octobre 1990 dans des circonstances encore floues.

de Rwigema et de l'enterrer dans un trou. Nous n'étions que quelques Tutsi terrorisés, entourés de centaines de Hutu surexcités. Nous les connaissions, c'étaient nos collègues, des chercheurs, des professeurs que nous côtoyions tous les jours. Auparavant, ils n'avaient jamais été hostiles. Nous nous saluions, nous partagions le thé à la pause de dix heures.

Après la cérémonie, nous sommes rentrés chez nous en tremblant. Les Hutu, fiers et heureux, sont partis dans les bars célébrer leur victoire jusqu'à tard dans la nuit.

Le lendemain, je suis retourné à l'université. J'avais peur. Avec les autres Tutsi, nous regardions les Hutu du coin de l'œil. Ils nous haïssaient et nous ne leur faisions plus confiance. Nous n'avons plus jamais partagé le thé.

J'ai appris que la situation était encore pire ailleurs.

Mon ami François, Tutsi comme moi, conduisait des minibus qui reliaient Kigali à Butare. Le jour du déclenchement de la guerre, il avait été saisi d'effroi en roulant dans la capitale. Il avait vu des barrières partout en ville, des Tutsi tués dans les rues, d'autres jetés en prison. Il a tout de suite compris que cette fois-ci, la situation était bien plus grave que lors de vagues de violence précédentes.

Le soir, il est rentré à Butare et a rendu les clés de son bus à son patron. Il lui a expliqué qu'il n'avait jamais eu aussi peur, que ce qui se passait à Kigali finirait par arriver dans le Sud et qu'il comptait s'enfuir le soir même vers le Burundi.

Sur le chemin, il est passé chez moi et a tenté de me convaincre de le suivre. Comme lui, je n'avais ni femme ni enfant, c'était facile de partir. Mais j'étais persuadé que le calme reviendrait, comme par le passé, surtout dans notre région de Butare.

Ma vie aurait pris une tout autre direction si j'avais décidé de l'accompagner. Mais François est parti seul, laissant tout derrière lui. Moi je suis resté. Et j'ai vu le Rwanda plonger un peu plus chaque jour.

Dès l'attaque du FPR, le régime a décidé de se venger sur les Tutsi de l'intérieur du pays. Une immense vague d'arrestations a eu lieu. On prenait les hommes sans raison et on les jetait en prison*. Au départ, ils ciblaient les vieux, les intellectuels, les personnalités.

* À la suite de l'attaque du FPR en octobre 1990, environ dix mille Tutsi, ainsi que des opposants politiques Hutu, sont arrêtés et jetés en prison, accusés d'être des traîtres à la solde du FPR. Il faudra la pression de la communauté internationale pour qu'ils soient libérés.

Puis les jeunes ont été visés, même les anonymes. Nous ne comprenions pas.

Certains jours, à la radio nationale, les autorités ordonnaient à la population de rester à la maison pendant la journée. Tout le monde obéissait. Même à la campagne, les paysans abandonnaient leurs champs. Officiellement, il s'agissait de maintenir la sécurité. En réalité, les gendarmes en profitaient pour arrêter des Tutsi chez eux sans qu'ils puissent s'enfuir.

Dans mon quartier, des voisins disparaissaient du jour au lendemain. On racontait qu'à Kigali, ils étaient regroupés au stade où ils devaient manger et boire dans leurs propres chaussures et que certains étaient torturés à mort. Nous vivions tous dans l'angoisse d'être le prochain sur la liste.

Le 18 octobre 1990, je suis arrivé au laboratoire de l'université à sept heures moins cinq du matin. Je faisais partie d'un groupe de recherche sur la malaria, mon rôle était d'injecter le virus à des souris puis de suivre l'évolution de la maladie en fonction des traitements.

Je garais mon vélo devant la porte quand un homme que je ne connaissais pas s'est approché de moi et m'a interpellé, « Êtes-vous Sinzi ? ».

Il semble que lui savait qui j'étais, quelqu'un m'avait sans doute dénoncé. « Je suis le procureur de Butare, vous devez immédiatement m'accompagner au Parquet. »

Il n'avait pas de mandat d'arrêt mais il était escorté de quatre gardes armés de fusils. J'ai tout de suite compris que c'était sérieux et que j'allais avoir de gros problèmes. Mon ventre s'est serré d'effroi. Je lui ai demandé l'autorisation de monter dans mon bureau quelques minutes afin de prendre mes affaires et de prévenir mes collègues.

Je suis allé voir mon chef, le directeur du centre pharmaceutique traditionnel. Je savais qu'il ne m'aimait pas, il détestait tous les Tutsi. Depuis le début de la guerre, des milices de Hutu avaient été mises en place dans l'université, soi-disant pour maintenir la sécurité, en réalité pour terroriser les Tutsi. Mon chef était responsable de celle de notre service. Le jour des fausses funérailles, je l'avais aperçu vociférant au milieu des autres.

J'espérais malgré tout un peu de pitié de sa part, mais il m'a répondu sèchement : « Va chez le procureur, tu dois te justifier de ce que tu as fait. » Je n'avais rien fait. J'ai deviné que c'était probablement lui qui m'avait dénoncé.

En redescendant, j'ai croisé une femme qui travaillait avec nous. Son mari était médecin, ils avaient inscrit leurs trois enfants à l'École belge où je leur donnais des cours de karaté. Contrairement au directeur, elle a fait preuve d'empathie. Elle s'inquiétait pour moi. Elle m'a dit de rester calme et m'a promis de tout faire pour m'aider. Cela m'a un peu rassuré.

J'ai demandé la permission de suivre la voiture du procureur à vélo. Mon cerveau tournait à une vitesse folle.

Devant le Parquet, les quatre gardes armés patientaient près d'une camionnette. Ils étaient là pour moi. Ils attendaient l'ordre de m'arrêter.

Je suis monté et la secrétaire m'a fait entrer dans le bureau du procureur.

Comme me l'avait conseillé la dame, je me suis efforcé de rester calme et je me suis mis à réfléchir.

Je considère que je suis constitué de trois personnalités distinctes : mon *moi* physique, mon *moi* oral et mon *moi* intérieur. D'autres diraient le corps, l'esprit et l'âme. Mon *moi* physique est celui que l'on peut toucher, mon *moi* oral est celui que l'on peut entendre et mon *moi* intérieur est celui que personne ne connaît vraiment, c'est ma conscience. Dans les situations de crise, j'ai le sentiment que mes trois personnalités discutent, qu'elles débattent, puis qu'elles me guident.

Mon *moi* intérieur a demandé à mon *moi* physique et mon *moi* oral si j'étais prêt à passer à l'action. Tout le monde était d'accord. La décision a donc été prise à l'unanimité de mon cerveau que je n'allais pas me laisser arrêter sans me défendre.

Au Burundi, j'avais vu tous les films de Chuck Norris. J'adorais les scènes où il étouffait ses adversaires entre son avant-bras et son biceps. Je me suis dit qu'il était temps d'imiter mon idole et de jouer dans mon propre film.

J'allais tuer le procureur à mains nues.

J'ai repéré dans la pièce une petite fenêtre en bois sans grillage. Mon plan était parfait : après l'avoir étranglé, je jetterais son corps par la fenêtre, provoquant la panique au Parquet. Tous les gardes se précipiteraient autour de lui, ce qui me permettrait de m'échapper. Si mon plan échouait, je serais abattu à coups de fusil, ce qui valait mieux que d'être torturé. Et si j'étais finalement emprisonné, ce serait au moins pour une bonne raison.

Curieusement, la perspective d'assassiner cet homme m'apaisait.

Je me suis assis et je l'ai regardé droit dans les yeux, prêt à lui sauter à la gorge.

Le procureur ne m'a pas salué et m'a demandé ma carte d'identité. J'ai refusé de la lui donner, « Vous savez déjà ce qu'il y a écrit dessus. Je ne suis ici que parce que je suis Tutsi. Qu'est-ce que vous voulez savoir d'autre ? Le nom de mes parents ? ».

Déstabilisé par mon ton, il a voulu discuter un peu.

« D'accord, gardez votre carte d'identité. Parlez-moi de votre karaté.

– Votre question est absurde, ce n'est pas "mon" karaté, je n'ai pas inventé la discipline. Est-ce que j'ai déjà agressé quelqu'un à l'aide du karaté ? Non. Mon sport permet de rester calme et discipliné. Si vous voulez en savoir plus, demandez au président de la Fédération rwandaise, il est Hutu comme vous. J'habite ici depuis deux ans, je n'ai jamais eu aucun problème. Pouvez-vous m'expliquer ce que je fais ici ? »

Mon profil inquiétait le procureur. J'avais passé dix ans au Burundi où vivaient de très nombreux opposants et j'excellais dans un sport de combat réservé en principe à l'armée. Dans cette ambiance de grande répression, le pouvoir voyait des traîtres partout. Les Tutsi étaient accusés de tous les maux par leur voisin, leur collègue jaloux, leur maîtresse. La guerre avait réveillé les plus bas instincts.

Le procureur me regardait sévèrement lorsque sa secrétaire est entrée et lui a fait un petit signe. Il est sorti de la pièce et m'a laissé seul. Comme dans les films, je suis tout de suite allé lire les papiers posés sur son bureau. L'un d'entre eux était une lettre de dénonciation. Un professeur de l'université lui avait écrit que j'étais membre du FPR. C'était un médecin que je connaissais bien et qui savait forcément où de telles accusations pouvaient me conduire.

Le procureur est revenu, je savais que ma cause était perdue. Je visualisais la scène suivante. J'allais sauter par-dessus la table le plus rapidement possible afin qu'il n'ait pas le temps de hurler, puis je lui serrerais le cou.

Je ne m'attendais pas à ce qui s'est passé.

La dame qui m'avait réconforté à l'université avait remué ciel et terre depuis le matin. Elle avait mobilisé les parents d'élèves de l'École belge et de l'École française où je donnais des cours de karaté. Parmi eux, il y avait des Blancs et des Rwandais haut placés.

Les parents étaient allés chercher leurs enfants à l'école et manifestaient devant le siège du Parquet pour exiger ma libération. C'était un geste beau et courageux, surtout à cette période.

Ma chance ne s'est pas arrêtée là.

Quelqu'un a frappé à la porte. C'était le commandant de la gendarmerie de Butare.

La dame connaissait du beau monde à Kigali, le ministre de l'Intérieur était un lointain parent. Elle lui avait téléphoné directement en lui expliquant qu'un maître de karaté avait été injustement arrêté.

Le ministre avait appelé le commandant qui s'était rendu personnellement au Parquet.

Le procureur m'a demandé de l'attendre dehors.

Au bout de dix minutes, le commandant est sorti et je suis entré à nouveau. Le procureur m'a tendu un papier, « Allez-vous-en, passez chez le greffier, vous êtes libre ».

Mon film était fini. J'avais failli tuer un homme.

Le greffier était très agressif, il m'a posé beaucoup de questions sur ma vie, mes études au Burundi, le karaté, mes parents. Il me soufflait la fumée de sa cigarette au visage. Je savais que j'étais déjà tiré d'affaire. « Éteins ta cigarette, je ne suis pas ton cendrier. »

Vexé, le greffier m'a signifié que je n'avais pas le droit de quitter le pays et que je devrais désormais pointer au Parquet deux fois par semaine, le lundi et le mercredi.

Cela a duré deux ou trois mois, puis ils m'ont autorisé à ne plus revenir.

Quelques jours après mon arrestation avortée, je suis passé voir mes parents au village. Mon père est venu me parler, seul à seul.

« Mon fils, je veux que tu me fasses un cadeau.

– Quel cadeau, Papa ?

– Il faut que tu acceptes avant de savoir de quoi il s'agit.

– Je t'offrirai tout ce que je peux.

– Je ne te demande pas une vache ou de l'argent. Je veux que tu restes près de nous. Ne t'enfuis pas. J'ai trois enfants à l'étranger, ton grand frère Frédéric vient de se marier et de fonder son foyer. Tu as passé dix ans au Burundi, aujourd'hui nous sommes seuls chez nous et nous avons besoin de toi. »

Mon père était convaincu que nous ne risquions rien. Les Tutsi de Butare avaient toujours été moins maltraités que les autres. J'étais jeune, je n'étais pas un militant politique, il n'y avait aucune raison que l'on s'en prenne à moi. Je n'avais pas dit à mes parents que je venais d'échapper par miracle à la prison.

Beaucoup de Tutsi quittaient le pays à cette période. Certains rejoignaient les rangs du FPR. Nous étions tous derrière eux, bien sûr, nous souhaitions que nos familles puissent rentrer au Rwanda et que cessent les persécutions. D'un autre côté, nous redoutions que leurs victoires militaires ne nous mettent en danger. Je n'avais ni femme ni enfant, j'ai réfléchi à prendre les armes. Je connaissais les chemins qui menaient au Burundi et là-bas, j'aurais trouvé comment m'engager. Mais j'ai préféré obéir à mon père. Je n'ai pas quitté le Rwanda et je ne l'ai jamais regretté, malgré tout ce qui s'est passé ensuite. Il a su qu'il pouvait compter sur son fils.

Dans le pays, le ciel s'assombrissait un peu plus chaque jour.

Le président de la Fédération de karaté m'a téléphoné, furieux, un matin. Depuis notre passage de grade commun, j'étais persuadé que nous étions en bons termes, mais je me trompais. Il savait que je donnais des cours à l'université de Butare. Il m'a menacé. Il a hurlé que si je comptais ouvrir un club réservé aux Tutsi, j'aurais des gros problèmes. J'avais quelques élèves Tutsi mais je n'avais jamais envisagé de réserver mes cours à une ethnie plutôt qu'à une autre. Je ne sais pas ce qui lui a pris. Peut-être a-t-il cherché un prétexte pour me détester à nouveau ?

Notre amitié, imposée par nos maîtres japonais, n'avait pas duré longtemps.

À l'université, l'étau se resserrait lentement. Une formation de trois mois en Belgique a été proposée aux techniciens de laboratoire. Les Tutsi n'ont pas pu en bénéficier. Comme quand j'étais enfant et que je voyais partir les Hutu à l'école secondaire, nos collègues avaient le droit de voyager et pas moi.

Je gardais des contacts avec quelques Hutu, mais nous nous parlions discrètement pour éviter les ennuis. L'un d'entre eux m'a raconté ce qui se disait lors des réunions exclusivement réservées aux Hutu qui étaient organisées dans la grande salle. Ils vomissaient leur haine, affirmaient que des listes de Tutsi à assassiner, le jour venu, étaient déjà dressées. Les plus extrémistes assuraient que lorsque le FPR prendrait Butare, il n'y aurait plus un seul Tutsi encore en vie dans la ville.

À partir de 1991, sous la pression internationale, le régime a autorisé le multipartisme. C'était une petite révolution pour notre pays qui n'avait connu que les partis des présidents depuis l'indépendance. De nouveaux mouvements politiques ont émergé. Mais cette loi, démocratique au départ, s'est révélée terrible pour nous.

Désormais, le parti au pouvoir, le MRND*, n'était plus le plus extrémiste. La CDR** était ouvertement violente. Ses militants considéraient les Tutsi comme une race inférieure et ne s'en cachaient pas.

À l'université, chaque parti était représenté, les militants organisaient des manifestations et portaient fièrement leurs couleurs.

Les étudiants Tutsi étaient terrorisés. Beaucoup n'osaient plus dormir à l'internat par peur d'être attaqués la nuit.

Je fréquentais un petit groupe qui suivait mes cours de karaté. Lorsque la situation politique se tendait, si le FPR remportait une victoire militaire par exemple, ils venaient se réfugier chez moi. Certaines nuits, ils étaient une dizaine, entassés sur des matelas, par terre. Ils se sentaient en sécurité.

La peur est devenue notre partenaire. Nous avons dû apprendre à vivre avec elle.

---

* Mouvement révolutionnaire national pour le développement, fondé par Juvénal Habyarimana après son coup d'État de 1973, parti unique au Rwanda jusqu'en 1991. En 1992 est créé le mouvement de jeunesse du parti, les *Interahamwe*, milice armée qui sera l'une des principales formations paramilitaires responsables du génocide en 1994.

** Coalition pour la défense de la République et de la démocratie. Parti fondé en 1992, représentant la frange la plus extrême du Hutu Power, qui considère que les Tutsi ne sont pas rwandais et qui exclut tout accord de paix avec le FPR. Le parti possède également sa propre milice, les Impuzamugambi, qui participe activement au génocide.

Un jour, un chercheur de l'université est venu me voir, désespéré. Il faisait partie des rares Hutu qui ne nous haïssaient pas et avec qui j'avais gardé des rapports amicaux.

Il était marié à une Tutsi et venait d'apprendre que sa belle-famille avait été assassinée dans sa région natale de Ruhengeri*. On ne savait pas encore dans quelles circonstances. Son épouse et lui devaient se rendre sur place pour organiser les obsèques. Ils avaient besoin de leurs amis pour les accompagner, les aider et les soutenir.

L'université lui a prêté un bus. Nous sommes partis à une trentaine, des Tutsi pour la plupart, et quelques Hutu. Mon collègue et sa femme étaient à l'avant du bus, tremblants. Nous sommes montés à l'arrière.

Quand nous sommes arrivés à Ruhengeri, nous avons senti tout de suite qu'il s'était passé quelque chose d'anormal. L'air empestait. Des maisons brûlaient encore. Nous ne croisions presque personne. Dans le village, nous avons découvert des dizaines de corps jetés dans des fosses. Des femmes, des enfants,

* En janvier 1991, après une avancée militaire du FPR, les autorités rwandaises aidées des habitants Hutu organisent le massacre d'un groupe de Tutsi de la région de Ruhengeri, les Bagogwe. On compte entre mille et mille cinq cents civils assassinés, d'après la Ligue belge de défense des droits de l'homme. Pour beaucoup, il s'agit d'une répétition générale du génocide.

des vieux découpés à la machette, du sang séché sur leurs vêtements. Leurs visages étaient déformés par la douleur. Toute la belle-famille de mon collègue gisait là, dans ces trous. Son épouse s'est mise à pleurer en silence, sans bouger. Parfois, l'horreur est telle que les cris ne sortent pas.

Nous avons creusé des tombes, enterré les corps, posé des croix et récité quelques prières, la peur au ventre.

Autour de nous, des Hutu nous lançaient des regards hostiles. Les prédateurs avaient encore faim.

Nous sommes repartis très vite. Nous ne voulions pas rester dans cette région de mort. Après cet épisode, mon collègue et sa femme ont quitté le pays, il a pu obtenir une bourse pour étudier en Belgique. Ils sont toujours en vie aujourd'hui.

Sur la route du retour, personne ne parlait. Et si les monstres s'emparaient du reste du pays ?

Au village de mes parents, en revanche, la vie continuait comme si de rien n'était, ou presque. Bien sûr, ma famille entendait au loin le bruit haineux de la ville, mais les voisins cohabitaient paisiblement. Hutu et Tutsi travaillaient toujours ensemble et partageaient une bière le soir. Mon père était convaincu que cela ne pourrait pas être pire qu'en 1959. Et en 1959, ils s'en étaient sortis.

Il n'était pas obsédé par la mort, mais par la vie. Et il fallait que la vie continue.

Depuis mon retour du Burundi, il insistait pour que je me marie, « Je suis vieux, je veux être le grand-père de tes enfants ».

J'étais le dernier de la fratrie à être célibataire, une anomalie à ses yeux. J'étais adulte et installé, j'avais dépassé les trente ans, je devais fonder une famille.

Un soir, près de l'université, j'ai croisé Damascène, un ami de mon village, accompagné d'une jeune femme que je ne connaissais pas. Elle était très belle et avait le sourire facile. Nous nous sommes plu tout de suite.

Le lendemain, j'ai demandé à Damascène qui elle était. Elle s'appelait Kabazayire Jeannette, elle était infirmière et responsable de la maternité à l'hôpital universitaire. Damascène a joué l'entremetteur et nous avons commencé à passer du temps tous les deux. Nous nous ressemblions. Comme moi, elle ne parlait pas beaucoup, mais nous nous comprenions. Nous nous sentions bien ensemble.

Je lui ai appris à faire du vélo, nous partions travailler ensemble. Quand j'arrivais devant l'université, je la regardais continuer un peu plus loin jusqu'à l'hôpital.

Après quelques mois à nous fréquenter, je lui ai demandé sa main et elle a accepté de m'épouser. Selon la tradition, pour qu'un mariage soit possible, il faut que les parents soient d'accord. Les miens ont aimé Jeannette tout de suite, les siens m'ont adopté également. Son père était un enseignant Tutsi qui possédait des terres. Dans notre région, les mariages interethniques étaient courants, même si la plupart du temps, les Tutsi et les Hutu se mariaient entre eux. Mes frères et sœurs ont tous épousé des Tutsi, par exemple. En revanche, après 1990 et le début de la guerre, on ne se mélangeait plus.

Nous avions commencé à préparer les festivités, quand ma mère est tombée malade.

Depuis ma petite enfance, je savais qu'elle avait derrière la tête un ganglion qui la démangeait. Un jour, elle m'a appelé, « Le ganglion me menace, il faut aller à l'hôpital ».

Elle souffrait de maux de tête insupportables et avait passé plusieurs nuits sans pouvoir s'endormir.

À l'université, j'avais un collègue chirurgien qui venait du Tchad. Je lui ai demandé d'ausculter ma mère, il a décidé qu'il fallait retirer le ganglion. C'était une opération bénigne, deux points de suture et elle pourrait rentrer chez elle. Au bout d'une semaine, il m'a téléphoné et m'a convoqué dans son bureau.

« Sinzi, tu es karatéka, tu es ceinture noire. Je sais que tu es capable de surmonter les difficultés. »

Il m'a annoncé que ma mère avait un cancer au niveau du cou et que la maladie avait commencé à attaquer son cœur et ses poumons. Il ne lui restait que deux mois à vivre, au maximum. J'étais fou de chagrin, ma mère était la personne qui m'était la plus chère, ma meilleure amie.

Depuis son retour chez elle, elle souffrait terriblement. Je ne lui ai pas répété ce que m'avait dit le médecin pour qu'elle ne panique pas. Je lui jurais que tout allait s'arranger et que les médicaments finiraient par faire effet.

Au bout de deux semaines, elle a perdu la voix. Nous sommes retournés à l'hôpital. Nous nous relayions à ses côtés avec mon frère Frédéric et ma tante. Son état se dégradait de jour en jour.

Maman est morte fin janvier 1992. Mon cœur s'est brisé en mille morceaux.

Mon père était triste et en colère. Selon lui, il n'aurait jamais fallu déranger le ganglion.

L'enterrement a eu lieu dans la maison de mes parents, c'était la coutume d'inhumer les paysans sur leur propre parcelle. Jeannette est venue avec ses sœurs assister à la cérémonie. La tombe de ma mère est toujours là, je m'y recueille régulièrement.

Malgré le deuil, nous avons décidé de maintenir les noces. Nous nous aimions et souhaitions que la vie fût belle, malgré tout.

Nous nous sommes mariés le 25 avril 1992. Mon père avait vu les choses en grand. Pour accueillir les deux cents invités, il a égorgé l'un de ses bœufs. La cérémonie s'est déroulée selon la tradition : la famille du marié se rend chez celle de la mariée et lui offre une vache en guise de dot. Puis la famille de la mariée emmène l'épouse chez celle de son mari.

Après les unions civile et religieuse à la Commune et à l'église, nous avons organisé une grande fête à la salle polyvalente de Butare. Elle appartenait au parti présidentiel MRND mais il était possible de la louer pour les grandes occasions. Nous avons dansé, mangé et chanté.

Jeannette était belle, vêtue d'une grande robe blanche et d'un voile en dentelles. Je portais un costume noir, une chemise blanche et un nœud papillon.

Mon ami Jean-Léonard avait multiplié les allers-retours dans son minibus pour amener nos deux familles. Mais malheureusement, tout le monde n'était pas là. Ni mes frères qui vivaient au Burundi, ni ma sœur exilée au Zaïre. Il leur était devenu impossible de se rendre au Rwanda. Depuis le début de la guerre, obtenir un laissez-passer était de plus en plus compliqué. Et si un Tutsi se faisait attraper en entrant dans le pays clandestinement, il risquait d'être jeté en prison et de ne plus jamais en sortir.

C'était dur pour Charlotte, Fidèle et Raphaël. Ils rataient le mariage de leur plus jeune frère. Ils n'avaient pas pu assister non plus aux obsèques de notre mère.

J'étais heureux et triste à la fois. Ils me manquaient. Ma mère me manquait.

Je tenais à ce que mon épouse connaisse Fidèle et Raphaël. Peu de temps après notre mariage, j'ai réussi à obtenir une autorisation pour que nous puissions partir ensemble au Burundi. Ce n'était pas simple mais il y avait toujours un moyen, une connaissance, un fonctionnaire corruptible. Pour la première fois, j'ai traversé la frontière de manière officielle en franchissant le pont qui surplombe la Kanyaru. Nous avons passé une semaine chez Fidèle. J'étais fier de présenter Jeannette à mes frères, à mes oncles et tantes. J'avais quitté le Burundi quatre ans plus tôt, je revenais marié, je travaillais, j'étais un homme désormais.

Au bout d'une semaine, nous sommes rentrés au Rwanda.

Jeannette est venue s'installer chez moi à Tumba. Elle a accouché de notre premier enfant à la fin de l'année 1992, à la maternité de l'hôpital où elle était infirmière, entourée de ses amies.

Nous avons appelé notre fille Nadia, le prénom de la fille de la dame qui m'avait sorti des griffes du procureur en octobre 1990. C'était une manière de lui rendre hommage, de ne jamais oublier son geste.

J'ai choisi de lui transmettre mon patronyme rwandais, Sinzi. L'histoire se répétait. J'étais né à une époque de grande tension, mon père avait choisi ce nom qui signifiait l'incertitude. Je n'y ai pas pensé sur le moment, mais Nadia est venue au monde, elle aussi, dans une période d'angoisse. J'ai réalisé plus tard qu'au moment de sa naissance, je ressentais sans doute la même peur que mes parents trente-deux ans plus tôt. Comme eux, je ne savais pas de quoi notre avenir serait fait.

La nuit, Nadia dormait dans un berceau à côté de notre lit, Jeannette la serrait contre elle quand elle pleurait. Nadia avait un visage doux et des grands yeux, comme sa mère. Elle était parfaite.

Nous l'avons présentée à nos familles. Mon père était très heureux, notre petit monde devenait plus grand.

Mon frère Frédéric vivait juste à côté de chez lui, au village. Ses enfants passaient les nuits chez leur grand-père. Chantal, l'aînée, l'adorait et ne le lâchait pas.

Ma sœur Josépha n'habitait pas loin non plus, à un kilomètre à peine, avec son mari et ses onze enfants. C'était une grande famille où tout le monde s'aimait.

L'espoir est revenu doucement. Lorsque les accords d'Arusha ont été signés*, nous avons imaginé que la paix approchait et que nous pourrions bientôt être tous réunis. Mais on sentait que l'ambiance se dégradait à l'intérieur du pays. La haine anti-Tutsi grandissait. À l'antenne de la RTLM**, on nous traitait d'*inyenzi*, de cafards ou de serpents. De la vermine qu'il fallait exterminer.

Est-ce que mon père a senti quelque chose ?

---

* Face à la pression militaire du FPR, le président rwandais Juvénal Habyarimana est poussé à signer des accords de paix à Arusha le 4 août 1993. Ils prévoient la fin de l'ethnisme, le retour des exilés Tutsi et le partage du pouvoir.

** Radio télévision libre des Mille Collines, radio privée créée par la branche la plus extrémiste des partis Hutu. Surnommée « radio machette » après le génocide, ses animateurs multiplient les appels à l'extermination des Tutsi.

À la fin de l'année 1993, il m'a demandé un nouveau service. Il souhaitait rendre visite à ses deux plus grands fils qu'il n'avait plus vus depuis des années.

Le bourgmestre qui m'avait obtenu une carte d'identité était toujours en poste. Avec quelques caisses de bière et une somme d'argent, il était possible de s'arranger. J'ai obtenu un laissez-passer pour mon père et je lui ai trouvé un chauffeur qui l'a conduit jusqu'à la frontière. Il a traversé le pont, puis un autre chauffeur l'a déposé chez mon frère Fidèle.

Ma nièce Chantal m'en a tellement voulu qu'elle ne m'a plus adressé la parole. Elle considérait que je l'avais privée de son meilleur ami. Mon père a passé deux mois au Burundi. Il a profité de son frère Christophe, de ses fils et de ses petits-enfants. Nous pensions qu'il était heureux.

Puis il a voulu rentrer.

Christophe a tout fait pour l'en dissuader. Fidèle et Raphaël essayaient de le convaincre de rester, eux aussi. Ils étaient inquiets du sort réservé aux Tutsi du Rwanda. Ils suivaient les informations à la radio, savaient que les meurtres étaient courants et que les discours racistes se multipliaient. Ils lui répétaient qu'il n'avait plus de femme ni d'enfants à charge, qu'il pouvait vivre chez eux tant qu'il le voulait, le temps que la situation se calme.

Je l'ai eu au téléphone moi aussi. Je lui ai demandé un service à mon tour : « S'il te plaît, Papa, reste à l'abri ! »

Mais mon père changeait rarement d'avis. Il nous a répondu qu'il ne souhaitait pas vivre en ville, loin de chez lui, et qu'il préférait retrouver sa campagne, ses vaches, ses terres, sa maison et la tombe où ma mère reposait. Il n'allait rien lui arriver, il en était certain, il en avait vu d'autres.

Il est rentré au Rwanda à la fin du mois de janvier 1994, deux mois avant le début du génocide.

II

LA RÉSISTANCE

Mon voisin à Tumba était Tutsi, il s'appelait Ndakaza Joseph. Souvent, je montais sur le lavabo en briques au fond de mon jardin et nous partagions les dernières nouvelles par-dessus la clôture.

Il venait de la région de Gikongoro, voisine de la mienne, d'où étaient partis les Hutu qui avaient attaqué notre village l'année de ma naissance.

Il avait perdu tous les siens en 1959, lors de la première grande vague de massacres. Sa mère, son père, ses oncles et tantes, tout le monde. Seuls sa sœur et lui avaient survécu, cachés dans un trou par un ami Hutu de leurs parents. Ils avaient toujours vécu ensemble depuis, ils ne voulaient pas se séparer. Je me demandais comment la vie était possible avec une si petite famille.

Le soir du 6 avril 1994, en pleine semaine, il m'a appelé. Je me suis hissé par-dessus la clôture.

Il m'a demandé si j'étais au courant.

« Au courant de quoi ?

– Tu n'as pas écouté la radio ?

– Non.

– Le président Habyarimana est mort, assassiné. Son avion a été abattu* ! »

J'ai senti la peur monter, celle qui remue les entrailles et que l'on ne peut pas contrôler.

Joseph était un commerçant prospère qui avait des biens et des relations. Il avait fait partie des dix mille Tutsi arrêtés en octobre 1990 et avait réussi à s'en sortir. Il avait deux véhicules, une Peugeot 305 et un Combi Transporter. Je lui ai proposé de nous enfuir le soir même. Mon projet était simple : nous pouvions conduire chacun une voiture – j'avais le permis –, faire un rapide arrêt à son magasin, emporter du

* Dans la soirée du 6 avril 1994, l'avion présidentiel est abattu par deux missiles. À son bord se trouvent le président rwandais Juvénal Habyarimana, le président burundais Cyprien Ntaryamira et de nombreux cadres des deux pays, tous tués sur le coup. Un gouvernement intérimaire Hutu prend le pouvoir au Rwanda, accuse le FPR d'être responsable de l'attentat et déclenche le génocide des Tutsi. L'hypothèse la plus probable, suggérée dans le rapport Duclert, est celle d'un assassinat commandité par les extrémistes Hutu souhaitant à tout prix empêcher la mise en œuvre des accords d'Arusha et le partage du pouvoir.

sucre, du riz et de l'eau puis rouler tout droit vers le Burundi avec nos familles. Je connaissais les chemins qui menaient à la frontière et, là-bas, nous pourrions corrompre des douaniers pour passer de l'autre côté et nous mettre à l'abri.

Joseph avait déjà vécu le pire dans son enfance, et pourtant, il n'arrivait pas à croire ce qui arrivait. Il connaissait personnellement Jean-Baptiste Habyarimana, le seul préfet Tutsi du pays*, et a préféré lui téléphoner avant de prendre une quelconque décision.

Le préfet lui a garanti que rien de grave n'arriverait aux Tutsi dans sa région de Butare, qu'il en avait eu la confirmation par le commandant de la gendarmerie. Nous pensions encore que les gendarmes étaient de notre côté et qu'ils nous protégeraient des Hutu si nécessaire. Joseph a été rassuré et a refusé de partir.

Je n'étais pas convaincu par ses arguments. Ma peur était inhabituelle, je faisais confiance à mon corps qui m'ordonnait de fuir. J'ai imaginé prendre

---

* Jean-Baptiste Habyarimana (aucun lien de parenté avec le président assassiné Juvénal Habyarimana), préfet de Butare entre 1992 et 1994, s'oppose aux massacres dans sa région et parvient à les limiter jusqu'à sa destitution le 17 avril 1994. Il est assassiné plus tard par les autorités génocidaires, avec sa femme et ses enfants.

une mototaxi sur laquelle nous nous serions serrés avec Jeannette et Nadia jusqu'à la frontière burundaise. Mais je n'avais que mille francs en poche, ce n'était pas suffisant, ni pour la moto ni pour payer des piroguiers.

Ce même jour, j'avais reçu mon salaire de l'École belge mais je n'avais pas eu le temps de passer à la banque.

C'était beaucoup trop dangereux de fuir à pied.

Nous étions coincés.

La nuit, nous avons écouté la radio avec Jeannette, nous ne parvenions pas à fermer l'œil. Ils passaient de la musique classique – une manière de marquer le deuil national – et martelaient le même message. « Le père de la Nation est mort, nous devons nous protéger, restez chez vous. Ne vous inquiétez pas, l'armée assure la sécurité de tous. »

Pendant cinq jours, nous n'avons pas eu le droit de quitter la maison, il était interdit de circuler. Il y avait un tout petit magasin juste à côté de chez nous, je m'y suis faufilé et j'ai dépensé mes mille francs en sucre et en pain.

Les seules informations que nous avions venaient du bouche à oreille entre voisins. Des bruits terribles circulaient. J'ai appris que, dès le 7 avril, de nouvelles barrières avaient été dressées un peu partout. Les Tutsi qui s'y faisaient attraper, surtout s'ils étaient des personnalités connues, étaient envoyés au camp militaire de Ngoma, réservé aux infirmes de guerre. Là-bas, les soldats blessés étaient chargés de les tuer à coups de matraque. J'étais moi-même repéré, j'étais le seul professeur de karaté de la ville, j'avais déjà été arrêté et menacé. Je ne pouvais pas risquer de me faire prendre.

Le 12 avril au matin, un nouveau mot d'ordre a été diffusé à la radio : la population était autorisée à se rendre à la banque. Je voulais toujours m'enfuir au Burundi dès que possible, mais pour cela, j'avais besoin d'argent. J'ai laissé Jeannette et Nadia à la maison et je suis sorti de chez moi.

J'ai marché jusqu'au centre de Butare où se trouvait la banque. Il y avait foule.

Arrivé à deux cents mètres environ, j'ai aperçu mon ami d'enfance Jean-Léonard, le conducteur de minibus, et son cousin Clément perchés sur un pick-up. Ils étaient Tutsi, comme moi.

Au volant, j'ai reconnu un visage familier. C'était Jonathan.

C'était la première fois que je le revoyais depuis plus de quinze ans. Lorsque j'étais parti au Burundi à la fin de l'année 1977, il s'était engagé dans la gendarmerie et je ne l'avais plus revu. Jonathan était Hutu. Il rentrait du front où la guerre avec le FPR se poursuivait. La situation devenant impossible, il avait déserté avec armes et bagages. Il avait pris avec lui sa femme et ses enfants et les avait mis à l'abri dans notre village d'enfance.

Ce matin-là, Jonathan avait proposé à Jean-Léonard et Clément de les déposer à la banque. Ils n'avaient réalisé la gravité de la situation qu'en arrivant en ville.

Ils ont foncé vers moi en faisant crisser les pneus. « Sinzi, qu'est-ce que tu fais ici ? C'est dangereux, il ne faut surtout pas rester ! »

Butare était devenu un piège à Tutsi. Il y avait des barrières partout, on assassinait à tour de bras.

Il fallait fuir au plus vite.

J'ai sauté à l'arrière du pick-up. Nous avons filé à Tumba récupérer Jeannette, Nadia et la domestique, une jeune femme Hutu qui travaillait chez nous.

En arrivant, j'ai crié à Jeannette qu'il n'y avait pas une minute à perdre, elle a compris immédiatement. Nous ne voulions pas que les voisins aient le temps de nous voir, ils auraient pu hurler et nous dénoncer.

Elle a enfilé à toute vitesse un pantalon et un pagne. Puis elle a accroché la petite sur son dos. Je portais un bas de jogging, un pull, une chemise, une veste et des chaussures. Nous n'avons eu le temps d'emporter qu'un petit sac avec quelques affaires pour Nadia, qui avait un an et demi. Nous nous sommes précipités dans le véhicule, Jeannette et Nadia dans l'habitacle à côté de Jonathan, moi derrière avec la bonne, Jean-Léonard et Clément.

Avant de monter, j'ai eu le temps de glisser quelques mots à Jonathan. C'était mon ami et je lui faisais confiance. « Jonathan, si on nous arrête et que je suis tué, promets-moi de t'occuper de ma femme et de notre fille. Avec toi, elles survivront peut-être. » Jonathan m'a regardé dans les yeux et m'a promis de prendre soin des êtres qui m'étaient les plus chers.

Nous sommes partis en direction du village où nous pensions être plus à l'abri.

Grâce à Jonathan et son uniforme, nous avons passé plusieurs barrières sans encombre. Mais à la sortie de la ville, nous avons été arrêtés par des hommes plus agressifs que les autres.

Ils avaient posé un tronc d'arbre en travers de la route pour empêcher les véhicules de passer. Ils étaient quatre. Ils portaient des fusils, des colliers de balles autour du cou et les bérets noirs de la garde présidentielle, l'unité d'élite de l'armée, réputée la plus violente.

Jean-Léonard et Clément étaient très grands et fins, ils correspondaient au cliché raciste des Tutsi. En les voyant, l'un des militaires a hurlé : « Il existe encore des Tutsi dans ce pays ? Où étaient-ils cachés pendant tout ce temps ? Descendez ! »

On aurait dit des chiens affamés devant une proie.

Jonathan ne risquait rien, il était Hutu. Mais il est sorti, fusil à la main, et a chargé son arme bruyamment. Il voulait signifier qu'il était prêt à combattre si nécessaire.

Il a crié à son tour : « Je ne vous donnerai pas ces hommes. La gendarmerie m'a ordonné de leur faire quitter Butare, il est hors de question que nous nous arrêtions ici. »

Le mensonge de Jonathan n'a pas fonctionné. Les bérets noirs ont refusé de nous laisser passer. « Ces hommes ne quitteront pas la ville ! Nous avons ordre d'emmener tous les Tutsi au camp de Ngoma. »

Ngoma, c'était la mort.

Jean-Léonard et Clément ont paniqué. Je leur ai intimé l'ordre de se calmer. Ils étaient quatre hommes, nous aussi. Ils étaient armés mais nous pratiquions tous le karaté, j'étais convaincu que nous pouvions nous défendre en nous jetant sur eux. Il valait mieux tenter quelque chose plutôt que de finir à Ngoma. J'étais prêt pour un nouveau film.

Je leur ai tenu tête. « Vous pouvez tirer si vous voulez, mais nous ne descendrons pas du pick-up ! »

La situation était confuse. Ils ne voulaient pas nous assassiner en pleine rue. À ce moment-là, les meurtres se faisaient à l'écart. Les bérets noirs ont finalement décidé que l'un d'entre eux allait monter sur le pick-up et nous conduire jusqu'au camp de Ngoma.

L'homme s'est assis à côté de nous, son arme pointée dans notre direction.

Nous n'avions pas le choix. Nous avons fait demi-tour.

Pour aller à Ngoma depuis la barrière, il fallait parcourir environ un kilomètre jusqu'à la gare puis tourner à droite et rouler encore quelques minutes jusqu'au camp.

Nous avions chacun un plan en tête. J'avais prévu qu'au niveau de la gare, je m'accrocherais aux barres du pick-up et frapperais le militaire avec les deux pieds pour le projeter au sol. Ensuite, il faudrait foncer et trouver un autre chemin vers le village, en évitant la barrière.

Jonathan avait réfléchi à une autre stratégie. Au lieu de rouler en direction du camp de Ngoma, il comptait s'arrêter devant la gendarmerie et promettre au béret noir qu'il allait s'occuper lui-même de notre cas, en espérant qu'il s'en aille. Nous aurions pu ensuite repartir.

Jean-Léonard nous a devancés. Le matin, il avait eu le temps de retirer tout son argent à la banque, autour de deux millions de francs. Il a sorti les billets devant le militaire. « Si tu nous emmènes au camp, cet argent va être récupéré par quelqu'un d'autre qui va nous tuer. Pourquoi ne nous laisses-tu pas partir ? Tu pourrais en garder un peu pour toi. »

Le béret noir avait plus d'appétit pour l'argent que pour la mort. Il a changé de visage et a accepté le pot-de-vin. Cent mètres avant d'arriver à la gare, il a tapé sur le toit de la camionnette et a crié à Jonathan de faire demi-tour à nouveau. Nous sommes repartis vers la barrière. Arrivé devant ses collègues, il est descendu du pick-up, a chargé son fusil et leur a ordonné de nous laisser passer. « Ils iront mourir ailleurs ! »

Ils ont obéi et déplacé le tronc d'arbre, nous laissant reprendre notre route.

C'est ainsi que nous avons survécu ce jour-là.

Il s'était passé environ quarante-cinq minutes depuis le moment où nous avions été stoppés la première fois. Quarante-cinq minutes. Pendant le génocide, une minute équivalait à cent jours. Je pense parfois au temps des combats lors des compétitions de karaté. Ils durent trois minutes. Trois minutes face à quelqu'un qui veut vous frapper, c'est déjà très long. Mais lorsqu'on veut vous assassiner, c'est interminable.

Jonathan a déposé Jean-Léonard et Clément dans leur village, puis il nous a laissés, Jeannette, Nadia, la bonne et moi, devant chez mon père. Je l'ai remercié chaleureusement. Sans lui, nous aurions été exécutés le jour même. Lui le Hutu avait risqué sa vie pour sauver celle de cinq Tutsi. Si nous avions été conduits à Ngoma, je suis certain qu'il aurait tout fait pour protéger Jeannette et Nadia en les faisant passer pour sa femme et sa fille. Il me l'avait promis. Il s'est comporté ce jour-là comme mon frère, oubliant la guerre, oubliant les ethnies.

J'ai appris plus tard la terrible nouvelle.

Quelques jours après notre arrivée au village, Jean-Léonard s'est réfugié dans une famille Hutu. Des militaires ont repéré sa voiture, une petite Toyota qu'il avait pu garder, ils sont entrés dans la maison et l'ont assassiné ainsi que son cousin Clément. En revanche, sa femme et ses trois enfants ont été épargnés. Pourquoi ? Je ne sais pas. Je ne comprends toujours pas pourquoi ils tuaient, et parfois, ne tuaient pas.

Mon voisin Joseph, à qui j'avais proposé de fuir dès le 6 avril au soir, a été assassiné lui aussi dans notre quartier de Tumba, avec sa sœur, sa femme et ses enfants.

Sa sœur et lui avaient miraculeusement survécu en 1959, cachés dans un trou par un ami Hutu de leurs parents, et ne s'étaient plus quittés depuis. Cette fois-ci, personne n'a eu pitié d'eux.

Quand nous sommes arrivés chez mon père, le soir du 12 avril, il a été terrifié de nous voir. « Qu'est-ce que vous faites ici ? Pourquoi n'avez-vous pas fui vers le Burundi ? » Il nous espérait à l'abri, loin du Rwanda. Je lui ai répondu que nous n'avions pas eu le choix, que je n'avais ni argent, ni véhicule et que nous étions plus en sécurité au village qu'à Butare où les Tutsi étaient abattus comme des bêtes.

Mon frère Frédéric était là, avec sa femme Frolide et ses quatre enfants. Il avait l'air désemparé. Il m'a expliqué que la situation se tendait ici aussi, que de plus en plus de Tutsi de la région voisine de Gikongoro se réfugiaient chez nous, fuyant les massacres. Beaucoup étaient gravement blessés. Là-bas, le génocide avait commencé dès le 6 avril au soir. C'était la région la plus violente du pays et elle se trouvait juste à proximité de la nôtre, de l'autre côté de la rivière Mwogo.

Un autre événement avait traumatisé mon père et mon frère. Quelques jours plus tôt, les gendarmes avaient arrêté six jeunes Tutsi du village alors qu'ils tentaient de passer la frontière vers le Burundi. Ils avaient été ramenés et fusillés. Leurs corps avaient été jetés dans l'école où ils pourrissaient, visibles par tous. C'était un message : voilà ce qui arrivait aux fuyards.

Frédéric avait entendu dire que les Hutu de Gikongoro prévoyaient dès le lendemain de traverser la rivière, comme en 1959, et de lancer la chasse aux Tutsi chez nous. Notre région, si calme d'habitude, était sur le point de basculer.

Jeannette n'a pas dormi cette nuit-là. Depuis le 6 avril, elle n'avait plus fermé l'œil, rongée par l'angoisse.

Je ne dormais pas non plus lorsque mon père nous a appelés, Frédéric et moi. Il nous a demandé de l'écouter attentivement.

Il nous a expliqué que l'heure était grave et que le seul moyen de survivre était de nous défendre.

Il nous a raconté ce qui s'était passé en 1959, trente-cinq ans plus tôt.

Pendant plusieurs semaines, les Hutu de Gikongoro avaient tenté de traverser la rivière. Après avoir massacré les Tutsi chez eux, ils souhaitaient s'en prendre aux Tutsi chez nous. Mais à la différence de leur région, les Hutu et les Tutsi vivaient en paix dans nos campagnes. À cette époque, mon père avait quarante-sept ans, il était fort et respecté. Il avait organisé un groupe de défense réunissant tous les hommes du village, Hutu et Tutsi, afin de repousser les agresseurs. Ensemble, ils avaient transformé les volontés d'épuration ethnique en guerre de territoire, leur région contre la nôtre. Ils avaient résisté. Et ils avaient survécu.

J'ai appris cette nuit-là que mon père avait pris les armes, en son temps. Il ne nous en avait jamais parlé auparavant. Frédéric et moi avons décidé de marcher dans ses pas. Mon père comptait sur moi, « Tu es fort, tu es karatéka, tu n'as pas peur, les habitants te suivront ! Les Hutu comme les Tutsi ! ».

Il nous a donné, à mon frère et moi, une machette et un gourdin chacun. L'heure de la lutte était venue.

Avant d'aller se recoucher, mon père m'a fait signe de m'approcher. Il m'a chuchoté à l'oreille : « Ton huitième jour est arrivé, je t'appelle Sinzi, "Celui qui ne sait pas". Si tu veux que je change ton nom, cela signifie que tu sais ce qui va arriver. Est-ce le cas ? »

Je n'ai pas répondu. Je ne savais pas. Personne ne savait ce qui nous attendait.

À cinq heures du matin, nous sommes allés frapper à la porte d'Aimable, mon ami d'enfance. Son père et le mien étaient proches, ils avaient combattu ensemble en 1959.

Aimable était Hutu, il était devenu chef de cellule dans mon village. Le Rwanda était alors découpé en dix préfectures, elles-mêmes divisées en communes, puis en secteurs et enfin en cellules. Chaque section administrative était dirigée par un responsable.

En tant que chef de cellule, Aimable faisait autorité. Nous avions besoin de lui pour convaincre les hommes de combattre. Il a accepté sans hésiter et a immédiatement fait le tour du village en soufflant dans son sifflet. Il a ordonné à tous les hommes de se regrouper, Hutu comme Tutsi.

Nous étions une centaine, armés d'outils agricoles, de machettes, de houes ou de bâtons.

J'ai donné la marche à suivre, dictée par mon père. Nous allions nous séparer en trois groupes : un partirait tout droit, un autre en diagonale vers la gauche et le troisième vers la droite. Le point haut du triangle devait défendre le pont qui surplombait la rivière

Mwogo ; les deux autres groupes se tenaient prêts à encercler l'ennemi s'il passait.

Mon père m'avait garanti que si nous bloquions le passage aux Hutu de Gikongoro, nous serions sauvés. Je savais que ce n'était pas si simple. Derrière nous, il y avait Butare. Et là-bas, j'avais vu de mes yeux la fureur, la folie et le sang. Je me doutais que le combat serait long.

C'était l'aube du 13 avril 1994. Nous étions des résistants, à notre tour. Nous ne voulions pas mourir et nous étions prêts à nous battre. Nous nous sommes positionnés, arme à la main et la mâchoire serrée.

Notre guerre a commencé avec une mélodie. Au loin, nous les avons entendus chanter en chœur « *Tuye gukora* », « Nous partons au travail, nous allons tuer les cafards Tutsi ! ».

Puis nous les avons vus. Une foule d'hommes brandissant leurs machettes, excités par la mort. Je n'avais jamais vu autant de haine. Les membres de mon groupe étaient terrorisés. Je leur ai crié de ne pas avoir peur. « Ce sont des hommes comme nous, ils ont le même corps que nous, leur sang est rouge comme le nôtre ! Ils ont des machettes, et nous aussi ! Tout ce qu'ils ont, nous l'avons ! »

Dès qu'ils se sont approchés du pont, ils ont reçu une pluie de pierres que nous avions ramassées. Ils ne s'y attendaient pas et ont dû reculer. Nous avons tenu ainsi pendant toute la matinée. Chaque groupe de Hutu qui tentait de franchir la rivière était bombardé. Nous étions bien organisés.

Au fil de la journée, ils étaient toujours plus nombreux et nous avions de plus en plus de mal à les repousser. Il fallait bloquer l'accès, ramasser des pierres suffisamment vite pour repousser l'assaut suivant. Et puis, à dix-sept heures, nos assassins sont partis. C'était la fin du travail. Ils tuaient comme ils partaient aux champs, de huit heures à dix-sept heures, puis rentraient chez eux retrouver leurs femmes et leurs enfants, fatigués par une dure journée de labeur.

Nous avons résisté ainsi les 13 et 14 avril, les empêchant de franchir le pont et en ne comptant que quelques blessés. Eux non plus n'étaient pas indemnes, ce qui nous rassurait un peu.

Le 15 avril, leur nombre a encore augmenté. Nous avons décidé de détruire le pont. C'étaient de longs troncs d'arbre, posés côte à côte, qui reliaient une rive à l'autre. Nous les avons jetés dans la rivière. Nous avions compris alors que les autorités soutenaient les tueurs ; il fallait empêcher le passage de véhicules si jamais les gendarmes ou les militaires décidaient de se joindre aux attaques.

On a tenu une semaine, Hutu et Tutsi réunis. À ce moment-là, les Hutu du village considéraient encore que nous étions tous les mêmes victimes des mêmes agresseurs.

La journée, les femmes, les enfants et les vieux restaient chez eux en attendant fébrilement notre retour.

Le soir, après les combats, je rentrais épuisé. La maison était pleine. Des voisins étaient venus se réfugier chez mon père, imaginant qu'ils y seraient plus en sécurité. Toute la famille était là, Frédéric et sa femme, ma sœur Félicité et son mari, avec leurs enfants.

Jeannette était épuisée, elle ne dormait toujours pas. Elle me demandait de la rassurer, « Que va-t-il nous arriver ? Qu'allons-nous devenir ? Allons-nous survivre ? ».

« Et Nadia ? »

« Est-ce qu'ils tuent aussi les bébés ? »

J'essayais de la calmer, je lui promettais que nous allions nous en sortir, que je n'avais pas peur et que j'allais tout faire pour les sauver. Est-ce qu'elle devinait qu'à ce moment-là, en réalité, je n'avais plus aucune certitude ?

Je ne sais pas non plus si Nadia se rendait compte que ses parents avaient peur. Elle ne pleurait pas. Pendant le génocide, c'est un phénomène que j'ai constaté plusieurs fois, les bébés Tutsi savaient être silencieux, même lorsque les adultes autour d'eux étaient terrorisés. Malgré la faim et la tension qu'ils devaient forcément ressentir.

La nuit, Nadia dormait entre sa mère et moi. Je les sentais contre moi. Cela me rendait plus fort et sans doute aussi plus vulnérable.

Je me réveillais à l'aube, je mangeais des fruits, des patates douces, des haricots et je buvais du lait. Le point de ralliement était devant chez mon père. J'embrassais Jeannette et Nadia, leur jurant que l'on se reverrait le soir, puis je partais au combat.

*

Tout a changé à partir du 18 ou du 19 avril, je ne me souviens pas précisément de la date. Le régime considérait que les tueurs n'étaient pas assez productifs dans le sud du pays. À Kigali, en comparaison, presque tous les Tutsi étaient déjà morts.

Le président par intérim Théodore Sindikubwabo, qui avait remplacé Juvénal Habyarimana après l'attentat contre l'avion, s'est rendu dans notre région. On m'a raconté qu'il a tenu un immense meeting au stade de Butare et qu'il a sommé les Hutu d'être plus efficaces. Il a comparé les Tutsi à des mauvaises herbes qu'il fallait entasser avant de les brûler. Nous étions des parasites, des déchets. Aux yeux de la plus haute autorité de l'État, nous ne méritions que de mourir. Le discours a été diffusé à la radio.

Le président a ajouté que les Hutu qui refuseraient de participer seraient également des cibles*.

C'est à ce moment-là que le préfet de Butare, qui était Tutsi, a été destitué et remplacé par un Hutu favorable aux massacres. Il a été assassiné plus tard avec ses enfants et sa femme qui était, elle, Hutu.

Un matin, lorsque nous nous sommes réveillés, notre bonne n'était plus là. Elle était Hutu et avait compris qu'elle ne risquait rien ; elle avait disparu pendant la nuit. Elle ne nous a même pas dit au revoir.

Le 21 avril, lors du rassemblement, certains voisins Hutu qui luttaient jusque-là à nos côtés ne sont pas venus. Peut-être avaient-ils peur des représailles ?

---

* Théodore Sindikubwabo, président par intérim du Rwanda entre le 9 avril et le 19 juillet 1994. Il était auparavant pédiatre, ministre de la Santé et député. Le 19 avril 1994, il se rend à Butare et prononce un discours dénonçant la passivité des Hutu dans la région et ordonnant que tous participent au génocide. Son discours est diffusé à la radio nationale deux jours plus tard, le 21 avril. Il s'enfuit au Congo lorsque le FPR prend le pouvoir où il meurt sans jamais avoir été jugé.

Aimable, lui, était toujours là, prêt à combattre avec nous.

Nous sommes partis vers la rivière et nous avons attendu les tueurs, comme tous les jours. Leurs chants se sont rapprochés.

Et puis nous avons entendu de nouveaux bruits.

Un tir, puis deux, puis trois. Des armes à feu. Un son inconnu pour la plupart des villageois. Nos tueurs avaient des fusils fournis par les autorités. Ils ont jeté une grenade qui a explosé de notre côté, provoquant la panique. Nous n'avions aucune chance. Nous avons couru le plus vite possible en direction du village.

Après quelques minutes de sprint, je n'en pouvais plus. Les paysans Tutsi étaient bien plus forts que moi, ils avaient filé sans s'arrêter. J'ai dû ralentir et continuer en marchant pour reprendre mon souffle.

Je me suis retrouvé seul. Je me suis dirigé vers la maison de mon père.

Je pensais que la menace venait de derrière, je savais que les tueurs étaient à nos trousses. Je ne m'attendais pas à en trouver d'autres devant.

Je suis tombé sur une centaine d'hommes postés des deux côtés du chemin.

Ils étaient armés de machettes et avaient le même regard de chien affamé que ceux de la rivière Mwogo.

Ils avaient accroché des feuilles de bananier sur leur corps, une sur la tête, une autre sur le bras, un signe de reconnaissance entre miliciens *interahamwe*.

Ce n'étaient pas les Hutu de mon village, je n'en ai reconnu aucun. Par chance, ils ne m'ont pas reconnu non plus. Ils ont sans doute pensé que je n'étais pas Tutsi puisque je marchais et que je n'avais pas l'air de fuir. J'ai traversé le groupe très lentement, ils n'ont pas bougé. Dès que je les ai dépassés, je me suis mis à courir le plus vite possible. Je voulais retrouver les miens, mes frères et sœurs, mon père. Je voulais rassurer Jeannette. Je voulais prendre Nadia dans mes bras. J'entendais hurler derrière moi.

Dans notre coutume, un paysan riche peut proposer à un plus pauvre de s'occuper de l'une de ses vaches. Le plus pauvre peut ainsi profiter du lait, et le jour où elle met bas, le veau est à lui. C'est une règle ancienne qui structure nos campagnes. Les plus aisés doivent partager avec les plus fragiles. C'est ainsi que notre société s'est bâtie. Mon père était généreux avec les autres villageois, il avait mis à disposition de l'un de nos voisins Hutu, Nteko, une vache dont il prenait soin depuis des mois.

Ce jour-là, la vache avait mis au monde un petit, qui devait donc revenir à Nteko.

J'ai foncé chez mon père, je suis entré en courant, essoufflé. La maison était presque vide. Mes camarades avec qui j'avais combattu à la rivière étaient arrivés avant moi, ils avaient hurlé dans le village que nous étions attaqués et qu'il fallait s'enfuir au plus vite. Jeannette, Nadia, mes frères et sœurs s'étaient tous volatilisés.

Je n'ai trouvé que mon père, assis sur un tabouret à côté de Paul, un jeune ouvrier Tutsi qui travaillait pour lui et qui avait refusé de l'abandonner.

Mon père était désespéré. Nteko venait de passer lui rendre sa vache et le veau. C'était un message terrible : il ne voulait plus rien partager avec lui, il ne voulait plus de sa vache, de son lait ni de son veau. Mon père n'était plus qu'un Tutsi aux yeux de son voisin, un ennemi.

Les fils de Nteko avaient pourtant combattu avec nous pendant toute la semaine, contre les Hutu de Gikongoro. Mais ce jour-là, sa famille a changé de camp. Nos alliés sont devenus nos tueurs.

Mon père m'a dit : « Tu vois comme c'est grave, même Nteko a ramené la vache. » Je lui ai répondu en criant : « Je ne veux pas mourir pour des vaches ! »

Ce sont les derniers mots que nous avons échangés.

Nous entendions les miliciens approcher. Mon père a donné un coup de bâton à son ouvrier Tutsi,

« Pars ! Tu es jeune, tu peux survivre ! ». Lui était trop vieux pour courir, il n'en avait pas la force.

Je n'ai pas eu le temps de le serrer dans mes bras.

Je n'ai pas eu le temps de lui demander où étaient Jeannette et Nadia.

Je l'ai regardé et je me suis enfui.

Mon père a été assassiné quelques minutes après mon départ. Il est mort à quatre-vingt-deux ans et aurait pu vivre bien plus vieux s'il n'avait pas été condamné, comme tant d'autres, par la furie meurtrière des tueurs. Je repense souvent à cette dernière image de lui. Mon père, habituellement si fort, était si faible ce jour-là.

En forçant son ouvrier à s'enfuir, il a contribué à le sauver. Paul a réussi à s'en sortir. Le dernier geste de mon père a été généreux.

C'était le 21 avril 1994, dix ans jour pour jour après ma ceinture noire de karaté. J'ignore ce que Dieu a voulu me signifier en choisissant la même date pour deux des événements les plus marquants de ma vie.

Je ne me suis jamais remis de la mort de mon père. Trente ans après, j'éprouve de plus en plus d'admiration pour lui. J'ai retrouvé dans le karaté des règles de vie qui lui ressemblent. Je suis sportif comme il l'était, j'évite les addictions et j'arrive toujours un quart d'heure en avance à mes rendez-vous. C'est sans doute également parce que lui-même a résisté aux attaques des Hutu en 1959 que je n'ai pas hésité à combattre en 1994.

Nteko n'a pas été inquiété après le génocide. Ses fils, eux, ont été condamnés à de longues peines de prison. Ils faisaient partie du groupe qui a assassiné plus tard mon frère Frédéric. Mon père avait aidé leur famille, nous avions toujours eu de bonnes relations. Je ne comprends pas. C'est pire que de la trahison, il n'y a pas de mots.

En fuyant de chez mon père, je suis passé par l'enclos des vaches. Je cherchais de l'eau mais je n'en ai pas trouvé. J'ai sauté la barrière, atterri sur la parcelle de mon frère et j'ai repris ma course.

Je voulais éviter les chemins pour ne pas retomber sur des miliciens, j'avançais courbé dans les plantations. J'ai traversé un champ de sorgho et une bananeraie, puis je suis arrivé sur la propriété d'un homme Hutu que je connaissais bien, Mirasano. Il avait toujours détesté les Tutsi et faisait partie des rares à avoir refusé de combattre à nos côtés à la rivière.

Il m'avait vu. Il me visait avec un arc, corde tendue, prêt à tirer. J'avais une machette dans une main, un gourdin dans l'autre. Nous nous sommes regardés sans bouger pendant plusieurs secondes et je lui ai crié : « Sois sûr de ton coup ! Si tu me rates, c'est toi qui vas mourir ! » J'étais prêt à me jeter sur lui et à le tuer. Poursuivi par des bêtes, je réagissais comme un animal.

Mirasano a eu peur, il a baissé son arc. Lui aussi a fait de la prison plus tard, il n'a probablement pas hésité à tirer sur d'autres Tutsi.

J'ai dépassé sa maison, franchi la colline de Rugarama puis une autre où, enfant, j'allais faire boire les troupeaux. Et là-haut, je les ai vus.

Des milliers de Tutsi dans la vallée, coincés sur un chemin, collés les uns aux autres, incapables de courir tellement ils étaient nombreux. Pourchassés, ils espéraient échapper à la mort. Ils marchaient en direction du Burundi.

C'était une masse compacte et bruyante, on entendait des pleurs d'enfants, des cris, « Avancez, ne vous arrêtez pas ! ».

Au loin, j'ai aperçu Nadia et Jeannette.

Nadia était collée au dos de sa mère, accrochée avec un pagne. À côté d'elles se trouvait Noël, le fils de mon cousin.

J'ai essayé de me rapprocher, de fendre la foule pour les retrouver, mais c'était impossible. Il y avait trop de monde, trop de terreur, un mur humain nous séparait. J'étais fou et paniqué. Mais à ce moment-là, qui ne l'était pas ?

Elles étaient à environ deux cents mètres. J'ai tenté de les appeler mais elles ne m'entendaient pas. Je ne voyais qu'elles, elles ne me voyaient pas.

Noël tendait une petite bouteille à Nadia qui buvait du lait. Cette scène est gravée dans ma mémoire. Ma femme apeurée, ma fille qui boit du lait dans son dos.

J'ai marché avec la foule de Tutsi, renonçant à les rejoindre dans l'immédiat. J'espérais retrouver ma famille plus tard.

Le chemin vers le Burundi était long et périlleux. Il fallait s'enfoncer dans la forêt de Sazange puis gagner la RN1, l'immense route qui traverse le Kenya, l'Ouganda et le Rwanda, franchir les collines de l'ISAR* Songa, le centre d'études agricoles, parcourir encore quelques dizaines de kilomètres jusqu'à la rivière de la Kanyaru et, de là, espérer pouvoir passer de l'autre côté. Tout cela en évitant les barrières érigées un peu partout, gardées par des tueurs de Tutsi qui voulaient nous exterminer jusqu'au dernier. Le régime avait décidé de fermer les frontières, de nous enfermer à l'intérieur du pays et d'en finir.

---

* Institut des sciences agronomiques du Rwanda.

Arrivés dans la forêt, nous nous sommes dispersés, épuisés. Il y avait des milliers de gens, des vieux qui peinaient à avancer, des bébés qui avaient faim. Je voulais retrouver les miens, Jeannette, Nadia, mes frères et sœurs. Aucune trace d'eux.

C'était un chaos insoutenable. Des enfants qui avaient perdu leurs parents pleuraient, seuls. Des parents comme moi cherchaient leurs enfants ; des femmes, leur mari. Par chance, je suis tombé sur les trois fils de Frédéric et les trois filles de ma sœur Angélique, seuls eux aussi. Le plus âgé avait une quinzaine d'années, la plus jeune, moins de dix ans. Ils avaient fui le village dès l'alerte, mais dans la panique, ils avaient lâché la main de leurs parents. Ils sont restés collés à moi, le seul adulte qu'ils connaissaient. Leur unique famille.

Incapables de poursuivre leur marche, la plupart des Tutsi ont décidé de rester dans la forêt où ils se pensaient à l'abri. C'était une erreur. Dès le début, j'étais persuadé que ce serait la masse qui nous protégerait, qu'il n'était pas possible d'arrêter des milliers d'hommes et de femmes lancés tous ensemble vers la frontière.

Autour de moi s'est agrégé un petit groupe de villageois qui me connaissaient et me faisaient confiance. Certains avaient combattu à mes côtés à la rivière Mwogo. Je les ai convaincus de ne pas faire de pause et de continuer jusqu'à la frontière. Nous nous sommes mis en route. Je marchais en tête avec les six enfants dont j'avais désormais la charge, accompagné de quelques hommes, des femmes et des bébés.

Je laissais derrière moi mon épouse et ma fille, ma vie. J'étais désormais coupé de tout et de tous. Ce n'est que bien plus tard que j'ai appris ce qui était arrivé aux autres.

*

Frédéric était mon frère le plus proche en âge, il avait deux ans de plus que moi. En 1973, lorsque Fidèle et Raphaël sont partis au Burundi, puis quand nos sœurs se sont mariées et ont quitté le foyer, nous nous sommes retrouvés tous les deux seuls à la maison avec nos parents. Nous étions amis et rivaux. Ma mère me dorlotait tellement qu'il supportait parfois mal de ne pas bénéficier des mêmes privilèges. Il avait rêvé de faire des études comme nos deux aînés, mais n'avait pas eu la force de s'opposer à mon père et avait accepté son destin de paysan. Il n'avait pas bien vécu mon départ au Burundi. Et puis il avait fini par me pardonner. Il était heureux de me voir quand je rentrais au village, heureux de mon mariage, heureux de connaître ma fille.

Il avait cinq enfants, le dernier était né quand nous combattions à la rivière Mwogo. Je sais que le bébé a atteint les huit jours car mon frère l'a fait baptiser, mais je n'arrive pas à me souvenir du prénom qu'il lui avait choisi. Peut-être Gakwisi, comme mon père ? Frédéric était très proche de lui, ils discutaient longuement du temps, de la terre, du bétail, de la famille, de la vie et de la mort.

Le 21 avril, quand les coups de feu ont retenti, il a fui vers le village, a hurlé à sa femme Frolide et à leurs enfants de le suivre, puis ils ont couru vers la forêt. Dans la bousculade, ils se sont perdus. Il n'est resté qu'avec sa femme, leur bébé et sa plus grande fille Chantal, qui avait neuf ans.

Ce soir-là, le bruit a couru parmi les Tutsi égarés que Gakwisi, mon père, avait été assassiné chez lui. Juste après ma fuite, les miliciens avaient pénétré dans la maison, avaient tout pris, tout détruit et l'avaient exécuté à la machette. C'était un sage, un notable. S'ils tuaient un monsieur de quatre-vingt-deux ans, respectable comme lui, cela voulait dire que personne ne serait épargné. Mon frère était dévasté. Sa fille Chantal, qui aimait son grand-père plus que tout, ne l'a pas supporté non plus. Alors que j'avançais vers la frontière à la tête de mon petit groupe, eux ont décidé de repartir dans l'autre sens, de faire marche arrière afin d'offrir une sépulture digne à mon père.

Aimable, mon ami d'enfance, les a vus arriver au village. Le matin, il était parti à la rivière Mwogo pour combattre à nos côtés, comme tous les jours depuis une semaine. Mais lors de la déroute, il n'avait pas fui avec les Tutsi. En tant que Hutu, il ne risquait rien. Et en tant que responsable de cellule, il était normal qu'il reste en place, auprès des habitants.

Aimable a accompagné Frédéric et sa famille jusqu'à la maison. Puisqu'une autorité était avec eux, les miliciens n'ont pas osé les attaquer.

Aimable aimait mon père, lui aussi. Enfant, il dormait chez nous, il passait autant de temps dans notre maison que moi dans la sienne. Son père était l'homme qui avait prévenu le mien de ma naissance lorsqu'il se cachait dans la forêt. Et quand Aimable s'était marié, mon père lui avait offert une vache pour la dot et l'avait aidé à construire sa maison.

En plein génocide, alors que les Hutu attaquaient sans distinction tous les Tutsi, que les corps étaient jetés dans des fosses par milliers, Aimable a accompagné mon frère pour enterrer mon père selon la coutume. Ils l'ont enveloppé d'un linceul, l'ont mis en terre et ont prié ensemble. Puis Aimable est parti.

Je ne sais pas pourquoi Frédéric, sa femme et ses enfants n'ont pas voulu retourner dans la forêt. Étaient-ils trop fatigués ? Pensaient-ils qu'il serait plus facile de survivre dans un environnement qu'ils connaissaient par cœur, où ils avaient leurs repères ?

Après l'enterrement, ils se sont rendus chez eux, à côté de chez mon père. Tout avait été pillé, les vaches avaient été tuées. Ils ne pouvaient pas passer la nuit à l'intérieur, c'était bien trop dangereux. Ils sont allés dormir dans leur champ de sorgho. Le lendemain, ils ont frappé à la porte d'Aimable, le suppliant de les aider.

Aimable a accepté de les cacher, mais sa femme a refusé. Avait-elle peur d'être considérée comme une complice des Tutsi ? Il les a alors conduits chez son frère qui, lui, les a mis à l'abri. Au bout de quelques jours – deux ou trois, je ne sais pas exactement –, Frédéric a pris peur. Les miliciens tournaient dans le village et menaçaient de fouiller toutes les maisons à la recherche des derniers Tutsi.

Frédéric et sa femme ont décidé de partir et de se séparer pour se donner plus de chances de survivre. Frolide s'est réfugiée chez sa sœur.

C'est là qu'elle a été tuée, peu de temps après, avec son bébé qui venait de naître.

Frédéric est resté avec Chantal au village. Ils sont retournés chez mon père à la recherche de nourriture.

Ils y ont trouvé d'autres membres de la famille qui se cachaient là, les enfants de mes sœurs Virginie et Félicité, ainsi que deux fillettes qui venaient de Butare.

Alors qu'ils étaient dans la maison, le fils de Nteko, le voisin qui avait rendu sa vache à mon père le matin du 21 avril, les a repérés. Il a cru me reconnaître. J'étais une cible de choix, Sinzi le karatéka qui avait mené les combats à Mwogo. Il a appelé du renfort. De nombreux Hutu ont encerclé la maison, armés de machettes et de grenades.

Frédéric a ordonné aux enfants de se retrancher dans le faux plafond, sous les tuiles. Lui a brandi sa machette et a décidé de les défendre jusqu'à la mort, prêt à tuer quiconque pénétrerait dans la maison. Les assassins n'ont pas voulu prendre de risque. Ils sont montés sur le toit, ont retiré des tuiles et ont jeté des grenades à l'intérieur. Puis ils ont versé de l'essence et ont mis le feu. Les enfants se sont précipités dehors. Seule Chantal a été attrapée par l'un des tueurs. Mais lorsque Frédéric est sorti, piégé par les flammes, l'homme a lâché Chantal et a poursuivi son père. Chantal a couru à son tour, le plus vite et le plus loin possible. Frédéric a blessé l'un de ses assassins avec sa machette, puis s'est enfui dans le champ de sorgho. C'est là qu'il a été achevé, après s'être battu héroïquement. Il a fallu plusieurs hommes armés pour en venir à bout.

C'était mon frère Frédéric, mon grand frère. Je l'aimais, je l'admirais, je l'admire encore. Certains disent que le temps efface les blessures, mais ce n'est pas vrai. Le temps passe et les plaies saignent toujours.

*

Souvent, les parcours des rescapés sont des labyrinthes, des successions de chances et de hasards. La norme, c'était la mort. Ceux qui ont survécu sont des exceptions, leur histoire est donc littéralement exceptionnelle, anormale. C'est le cas de Chantal, ma nièce.

Après avoir failli être brûlée vive dans la maison de son grand-père, après avoir entendu son père Frédéric se faire découper à la machette, Chantal a couru tout droit dans la campagne, sans savoir où elle allait, avec la peur comme seul guide.

Elle avait neuf ans. Elle était seule et perdue. Heureusement, pendant le génocide, quelques Hutu ont gardé leur âme. Une mère de famille l'a aperçue et a eu pitié d'elle. Elle l'a recueillie et a réuni ses enfants, « Chantal va vivre chez nous, elle est Tutsi et personne n'a le droit de la toucher ! Si quelqu'un lui fait du mal, il subira des mauvais sorts ».

Chantal est restée quelque temps dans cette famille. Les enfants ont obéi à leur mère et personne ne s'en est pris à elle. Mais quelqu'un a dû parler. La rumeur de sa présence a circulé et la mère n'a pas pu la garder. Elle l'a donc confiée à une autre femme prête à prendre soin de ma nièce. Chantal est passée ainsi de famille en famille, quelques jours à chaque fois, jusqu'à ce que cela devienne dangereux pour ses bienfaiteurs.

Elle a fini chez des Hutu qui participaient activement aux massacres. Les hommes partaient au « travail » le matin, c'est-à-dire qu'ils chassaient les Tutsi toute la journée, avant de rentrer paisiblement chez eux le soir, le bras fatigué et les vêtements rouge sang. Tuer ne les empêchait pas de protéger une petite fille Tutsi. C'est l'un des mystères du génocide. Parmi les plus grands assassins, certains ont aidé des Tutsi. Pourquoi ? Pour se donner bonne conscience ? Pour que quelqu'un témoigne en leur faveur le jour venu ?

Un soir, Chantal a entendu les Hutu qui la cachaient parler de mon père.

« Pourquoi avoir tué Gakwisi ? C'était un vieux qui ne faisait pas de mal !

– Avec son intelligence, il aurait pu finir Premier ministre, il fallait le tuer ! »

C'est de cette manière que Chantal a appris que ceux qui avaient assassiné son grand-père adoré le connaissaient, qu'ils avaient prémédité leur geste et qu'elle se trouvait précisément chez eux, à leur merci.

Au bout de quelques semaines, le FPR s'est approché et les Hutu ont pris peur*. Ils étaient convaincus qu'ils allaient se faire tuer à leur tour et qu'il fallait partir. Par centaines de milliers, ils ont marché vers le Zaïre. Le président Mobutu était un ami d'Habyarimana, ils pensaient qu'ils y seraient en sécurité.

Les Hutu qui cachaient Chantal ont également pris la fuite et l'ont emmenée avec eux. Ils ne voulaient pas la laisser derrière, de peur qu'elle raconte, plus tard, les tueries dont ils se vantaient tous les soirs. Ils ont parcouru ensemble une vingtaine de kilomètres puis ont fait une halte pour la nuit chez des connaissances.

Quand les enfants se sont endormis, les adultes se sont réunis et ont pris une décision. Le lendemain, avant de reprendre la route, ils allaient tuer Chantal.

C'était une charge, une bouche à nourrir, une menace. Et à leurs yeux, elle n'était finalement qu'une Tutsi.

La femme qui les accueillait était elle-même mère de plusieurs enfants. Ce soir-là, elle ne s'est pas

* Après le déclenchement du génocide, le FPR repart en guerre et avance au Rwanda, remportant de nombreuses victoires face à l'armée régulière. Le 4 juillet 1994, le FPR prend Kigali. Le 18, il déclare la fin des combats et met fin ainsi au génocide des Tutsi. Entre un et deux millions de Hutu fuient vers le Zaïre (aujourd'hui République démocratique du Congo).

résolue à accepter le meurtre d'une petite fille. Elle a décidé de tout faire pour la sauver.

Elle est allée lui parler discrètement et lui a tout raconté. Il fallait que Chantal s'enfuie le plus vite possible.

Elle lui a proposé un plan : le lendemain matin, Chantal devait entraîner les deux enfants de la famille vers le champ de canne à sucre voisin. Soudain, elle leur crierait de filer, « Le propriétaire de la parcelle nous court après ! ».

Les enfants partiraient dans un sens et Chantal dans l'autre, sans que personne ne s'en aperçoive.

Ensuite, elle devrait trouver des combattants du FPR et leur demander de l'aide.

C'est exactement ce que Chantal a fait. Elle a semé les enfants, puis marché longuement, loin de ceux qui l'avaient sauvée et avaient fini par la condamner à mort. Elle est enfin tombée sur des soldats du FPR qui l'ont mise à l'abri.

La famille qui voulait l'assassiner s'est enfuie au Zaïre et n'est jamais revenue. Ils font partie des milliers de tueurs qui n'ont pas été inquiétés par la justice.

Chantal, elle, vit au Canada. Elle s'est mariée et a eu trois enfants. Elle s'efforce de mener une existence ordinaire, mais il y a des douleurs qui sont difficiles à effacer. Mon frère Frédéric était très pieux. Il assistait le prêtre lors de la messe du dimanche et, en semaine, c'était chez lui qu'étaient organisées les prières de l'après-midi.

Le jour de l'attaque de sa maison, Chantal a reconnu certains des voisins que son père bénissait et à qui il donnait l'Eucharistie. Ces paysans qui ne juraient que par Jésus avaient tenté de brûler vive une famille entière.

Elle n'a plus pu s'approcher d'une église catholique. Elle s'est mariée dans un temple adventiste et a refusé de faire baptiser ses enfants.

Quand elle le peut, elle assiste aux commémorations du génocide organisées au mois d'avril. Avec les rescapés et les membres de la famille, nous rendons ensemble hommage à nos disparus, nous parlons de nos expériences, de notre vie qui a tant changé. Pendant très longtemps, Chantal se taisait. C'était trop dur pour elle.

En 2023, vingt-neuf ans après la catastrophe, elle a décidé de prendre la parole et de tout raconter, la peur, son petit frère qui venait de naître, le bruit aiguisé des lames, la mort qui approche, la fuite miraculeuse.

Elle souhaitait retrouver la femme qui l'avait sauvée. Elle ne se souvenait ni de son nom ni de son adresse, seulement de la zone où se trouvait le champ de canne à sucre qui lui avait permis de s'enfuir. Nous avons parcouru ensemble la région et fini par retrouver le fameux champ. Le propriétaire nous a annoncé que la bienfaitrice de Chantal était encore en vie et nous a indiqué où se trouvait sa maison.

C'était le soir, la nuit tombait, nous avons frappé à la porte. La dame avait vieilli mais quand elle a ouvert, Chantal l'a reconnue tout de suite et s'est mise à pleurer. La dame l'a reconnue elle aussi. Elle a pris ma nièce dans ses bras et elles ont pleuré ensemble. Elles n'avaient jamais eu de nouvelles l'une de l'autre.

La scène était très belle, triste et joyeuse à la fois. J'étais touché moi aussi, mais pas comme avant. Je n'arrive plus à être ému.

C'est une cicatrice invisible chez la plupart des rescapés : nos corps ont survécu mais nos âmes sont salies. On nous a menacés, tiré dessus, on a tué nos enfants, nous avons vu la haine en face, celle qui assassine. Nous avons vécu de tels chocs que plus rien ne nous atteint. Depuis le génocide, je n'ai plus jamais pleuré, je n'ai plus jamais eu peur.

Si un accident a lieu devant moi, tout le monde tournera la tête pour ne pas voir le sang et la douleur. Moi je resterai calme, la mort ne me fait pas baisser les yeux. J'essaye pourtant d'être un humain sensible comme les autres mais je n'y arrive plus. C'est la raison pour laquelle nous avons tant de mal à nous faire comprendre. Les gens ne peuvent pas imaginer.

Un jour, j'ai dit à un fonctionnaire qui me refusait quelque chose auquel j'avais droit : « Je suis né dans la torture, j'ai grandi dans la torture, je ne veux pas vieillir dans la torture. » Désormais, je ne veux faire entrer dans mon cœur que de belles choses, de l'amour.

*

Le 21 avril 1994, en milieu de journée, j'ai quitté la forêt de Sazange, accompagné d'une vingtaine de personnes, dont mes six neveux et nièces, des femmes et des bébés. Nous étions des cibles faciles. Je n'avais que ma machette et mon gourdin à la main et un couteau suisse dans la poche. J'étais le seul à être armé. Le Burundi était à quelques dizaines de kilomètres, notre objectif était de marcher sans nous arrêter jusqu'à ce que nous quittions l'enfer qu'était devenu le Rwanda.

À la sortie de la forêt se trouvait la RN1, qui traverse le continent et relie Kigali à Butare. Lorsque nous l'avons atteinte, j'ai aperçu à quelques dizaines de mètres une jeep ornée du drapeau bleu des

Nations unies. J'ai repris espoir. L'ONU, c'était le monde. Et le monde ne pouvait pas nous laisser nous faire massacrer*.

J'ai demandé à mon petit groupe de m'attendre et j'ai marché vers la voiture. En m'approchant, j'ai réalisé que les quatre hommes à l'intérieur portaient des bérets noirs. Ils faisaient partie de la garde présidentielle, l'unité d'élite de l'armée, camouflés dans un véhicule de casques bleus, sans doute pour nous attirer vers eux et nous assassiner sans se fatiguer à nous courir après.

Ils ne m'avaient pas vu. J'ai reculé très lentement et je suis retourné vers mon groupe. Je leur ai dit de se dépêcher, qu'il fallait traverser la route en courant et sans faire de bruit afin de ne pas être repérés. Nous avons avancé discrètement et pris un petit chemin qui montait vers la gauche. En haut de la colline, en me retournant, j'ai vu la voiture de l'ONU se déplacer et se positionner juste à la sortie de la forêt, bloquant ainsi le passage aux autres Tutsi qui auraient pu nous suivre. Nos frères, nos sœurs, nos parents, Jeannette et Nadia étaient coincés entre les miliciens d'un côté

* Le 21 avril 1994, le Conseil de Sécurité vote à l'unanimité le retrait des forces onusiennes du Rwanda. Sur les deux mille trois cents casques bleus déployés à l'automne 1993 pour faire en sorte que les accords d'Arusha soient bien appliqués, seuls deux cent soixante-dix sont maintenus sur place, impuissants.

et les bérets noirs de l'autre. Nous étions les derniers de Sazange à avoir pu franchir la RN1.

Nous avons continué notre chemin. Nous étions fatigués mais la peur nous donnait de la force.

Je savais que pour arriver au Burundi, il fallait traverser l'ISAR Songa. Je cherchais la bonne direction. Écolier, j'avais visité l'ISAR. C'était une grande étendue de collines où des scientifiques élevaient des vaches et cherchaient les meilleurs croisements pour rendre le lait plus riche et plus abondant.

Nous avons marché plusieurs heures et sommes arrivés à la forêt de Ruyenzi, à côté de l'ISAR.

Dans les bois, nous sommes tombés sur d'autres groupes de Tutsi, surtout des familles. Certains étaient là depuis plusieurs jours, ils avaient allumé des feux pour se réchauffer et cuisiner le peu qu'ils avaient pu emporter.

Parmi eux, j'ai reconnu mon ancien professeur de géographie, je ne l'avais pas vu depuis des années. Il était avec sa femme et ses enfants, errant dans la forêt depuis une semaine.

Il m'a offert de quoi nourrir mes six neveux et nièces, puis nous avons discuté.

Sa famille et lui avaient quitté leur village le 12 avril, le jour où les autorités avaient permis aux habitants de sortir de chez eux pour aller à la banque.

Eux avaient décidé de filer vers le Burundi le plus vite possible. Ils avaient marché jusqu'à la rivière de la Kanyaru où ils avaient été arrêtés par des miliciens qui les avaient repoussés à l'intérieur du pays. À ce moment-là, ils ne tuaient pas encore les Tutsi directement aux barrières. Les forces de l'ordre appliquaient les directives du président : il fallait d'abord nous entasser comme des mauvaises herbes avant de nous achever. Depuis ce jour, mon ancien professeur et sa famille attendaient, bloqués, ne pouvant avancer ni dans un sens ni dans l'autre.

Il m'a supplié de ne pas poursuivre ma route, il y avait des barrières partout, la frontière était fermée, nous serions tués très vite.

J'ai accepté de faire une pause pour la nuit. Mais je ne voulais pas rester dans la forêt où nous pouvions être facilement surpris, je préférais rejoindre l'ISAR. À mon tour, j'ai tenté de convaincre mon professeur de nous suivre, lui promettant qu'il serait plus en sécurité avec nous, mais il ne m'a pas cru. Comment lui en vouloir ? Il était impossible d'être sûr de ses choix à ce moment-là, chaque option était mauvaise, terrorisante. Il a été assassiné quelque temps plus tard avec sa femme. Seuls deux de ses sept enfants ont survécu.

Nous avons quitté la forêt. Nous marchions toujours quand la nuit est tombée. Les membres de mon groupe étaient fatigués, les bébés pleuraient de faim.

Nous avons aperçu une paroisse devant laquelle se trouvait un prêtre. Un Canadien, blanc, vêtu d'une grande robe kaki. J'ai imaginé qu'il nous aiderait, guidé par son humanité et son sens du partage, comme on nous l'avait appris au catéchisme. En m'approchant, j'ai vu qu'il portait un fusil en bandoulière. Un prêtre armé ? J'avais peur, mais je lui ai quand même demandé de l'eau.

Il s'est retourné, furieux, et a hurlé : « Foutez le camp ! »

Il a ordonné à ses gardes de fermer les portes de son église. Je ne m'attendais pas à autant de cruauté de la part d'un serviteur de Dieu.

Nous avions besoin de repos. Il y avait un champ de café juste derrière l'église où nous sommes allés nous allonger le plus discrètement possible. Les mères n'avaient plus de lait et ne parvenaient pas à calmer leurs bébés. Il fallait être silencieux, les pleurs risquaient d'alerter le prêtre. Je craignais qu'il prévienne les autorités et que des miliciens nous attaquent.

Un miracle s'est alors produit. Les religieuses de la paroisse ont entendu les cris et les larmes, elles sont descendues nous apporter de l'eau, quelques fruits, du pain et du lait pour les enfants. En cette période où notre monde était fou, où les prêtres laissaient des familles mourir de faim devant leur église, elles ont été généreuses, elles ont été humaines.

Les bébés se sont endormis, certains adultes également.

J'ai laissé mon corps se reposer mais j'étais incapable de fermer l'œil.

Au loin, j'entendais les chiens dans la forêt, les miliciens les avaient dressés à chasser les Tutsi comme du gibier. Je savais qu'il valait mieux ne pas s'éterniser.

J'avais gardé ma montre. Cela me vient sans doute de mon père, j'aime savoir l'heure et ne pas être en retard. Pendant le génocide, contrairement à beaucoup d'autres, j'avais conscience du temps qui passait.

Vers trois heures et demie du matin, j'ai chuchoté à mon groupe de se réveiller ; il fallait fuir avant le lever du soleil.

Je me suis souvenu d'un autre cours de religion, l'histoire de Moïse qui conduit son peuple à travers le désert et reçoit la Torah des mains de Dieu en haut du mont Sinaï. Je devais mener mon groupe vers la vie, et pour cela, accéder à notre propre mont Sinaï, le point le plus haut de la plus haute colline.

Là, nous pourrions trouver notre salut, nous organiser, rassembler nos forces, voir venir de loin nos assassins et les repousser.

Nous avons repéré la plus haute colline de l'ISAR Songa et avons entrepris son ascension.

En chemin, d'autres Tutsi errants nous ont rejoints.

Quand nous sommes arrivés au sommet, nous étions une centaine.

Je les ai regroupés autour de moi et leur ai expliqué ce que mon père m'avait dit quelques jours plus tôt. Nous ne pouvions pas nous laisser tuer sans nous défendre. Il fallait résister contre ceux qui voulaient nous exterminer.

Nous allions faire la guerre comme les samouraïs d'Okinawa, sans armes mais avec nos corps et ce que la nature nous offrait. Et si nous luttions ensemble, de manière coordonnée et intelligente, nous pourrions survivre.

Les faces sud, est et ouest étaient très escarpées, difficilement accessibles. Les miliciens *interahamwe* ne pouvaient nous attaquer que par le nord.

Notre plan était simple. Les femmes et les enfants devaient ramasser le plus de pierres possible. Les hommes étaient chargés de bloquer l'accès nord de la colline en jetant les pierres sur les miliciens au moment où ils l'escaladeraient. Si certains parvenaient à passer, d'autres hommes placés à l'arrière devaient les attaquer avec les quelques armes traditionnelles que nous avions pu apporter.

Avant le lever du jour, les femmes et les enfants avaient réuni des centaines de pierres et nous nous sommes mis en position.

J'avais positionné une vingtaine d'hommes à des postes stratégiques, chacun commandait un petit groupe de combattants. Ils savaient tous que j'étais un maître de karaté et que j'avais déjà dirigé la lutte à la rivière Mwogo. Ils me faisaient confiance et acceptaient de m'obéir.

Nous étions prêts.

Le 22 avril à huit heures du matin, nous avons entendu les Hutu approcher en chantant. C'était le début d'une nouvelle journée de travail pour eux, le début d'une nouvelle guerre pour nous. Ils n'ont pas attaqué tout de suite. Avec des mégaphones, ils se sont adressés à nous, « Nous allons tuer les Tutsi ! Nous ne voulons pas de mal aux Hutu ! Frères Hutu, rentrez chez vous ! ».

Ce jour-là, il restait encore quelques Hutu parmi nous, ils croyaient encore que l'ethnie n'était pas le seul moteur des massacres.

Nous avons vu nos camarades, les derniers Hutu, poser leurs pierres à terre et retourner chez eux en nous laissant à l'arrière. C'était une scène déchirante. Ils nous abandonnaient. Nous étions condamnés.

Parmi eux, il y avait une famille Hutu de mon village. Ils étaient très pauvres. Quand j'étais enfant, mon père m'envoyait leur donner du lait. Il m'expliquait qu'il fallait être généreux avec les plus démunis.

Le mari avait combattu à nos côtés à la rivière Mwogo, puis ils s'étaient tous enfuis, comme nous, jusqu'à l'ISAR Songa.

Je les ai suppliés de m'emmener, de me faire passer pour l'un d'eux. Je serais resté chez eux pendant la journée et j'aurais dormi dehors la nuit pour ne pas les mettre en danger. Mon idée était de mobiliser un maximum d'autres Tutsi et de les rassembler à l'ISAR Songa. Plus nous serions nombreux, plus nous serions forts. L'homme a interrogé sa femme qui a refusé de me prendre, elle semblait folle de rage, « Je ne veux pas du fils de Gakwisi chez moi ! ».

Ils m'ont tourné le dos et sont partis.

Après le génocide, je les ai cherchés, non pas par esprit de vengeance, mais pour faire la paix. Pour leur montrer que malgré tout, j'étais resté le même. Je ne les ai pas retrouvés. Ils ont quitté le Rwanda. Pourquoi ? Pour aller où ? Je ne l'ai jamais su.

Après le départ des Hutu, les miliciens ont attaqué. Ils étaient très nombreux, armés de machettes, de lances, d'arcs et de gourdins. Ils hurlaient.

Ils s'attendaient sans doute à trouver des Tutsi hagards, faciles à achever. Mais en approchant, ils ont été criblés de pierres, plusieurs ont été blessés. Pendant des heures, ils ont tenté de monter sur notre colline. Nous avions faim, nous n'avions pas dormi depuis des jours, mais nous les avons repoussés, encore et encore, avec la hargne de ceux qui luttent pour ne pas mourir. Ils ont fini par battre en retraite.

Le bruit a vite circulé dans la région. Un groupe de Tutsi résistait à l'ISAR Songa, ils étaient même parvenus à vaincre des miliciens.

Dès la nuit qui a suivi, de nombreux Tutsi nous ont rejoints en évitant les barrières, escaladant les faces sud, est et ouest de notre colline. Ils avaient entendu que nous étions forts et pensaient qu'ils seraient plus en sécurité avec nous plutôt que seuls dans leur cachette. Beaucoup voulaient se battre. Vivre ou mourir, mais debout.

Tous les jours, toutes les nuits, de nouveaux Tutsi arrivaient. Ils venaient de partout, de Butare, de Gitarama et même de Kigali. Certains avaient été repoussés à la rivière de la Kanyaru, comme mon ancien professeur de géographie, et avaient rebroussé chemin jusqu'à nous. D'autres étaient cachés dans des forêts, dans des trous, dans les faux plafonds de familles Hutu. Le Rwanda était fermé à double tour, nous étions piégés comme des rats. L'ISAR Songa est devenu l'une des rares lueurs d'espoir pour les Tutsi.

Moi, je rêvais de voir apparaître Jeannette et Nadia. Je ne savais rien, ni où elles étaient ni si elles avaient pu survivre. Mais elles ne venaient pas.

Nous avions posté des hommes tout autour de la colline pour contrôler les nouveaux arrivants. Nous redoutions que des espions ne s'infiltrent et ne nous attaquent de l'intérieur. Nous vérifiions les cartes d'identité, posions des questions pour être certains qu'il s'agissait bien de Tutsi et faisions un recensement quotidien.

Le 22 avril, nous n'étions qu'une centaine ; au bout de quelques jours, plusieurs milliers.

Le soir, nous écoutions les dernières nouvelles sur les quelques radios à piles qui avaient été sauvées. Nous espérions une victoire prochaine du FPR*. À l'antenne de la RTLM, ils affirmaient que l'ISAR

---

* Le FPR a lancé sa propre radio en 1991, Radio Muhabura, qui appelait à la résistance contre le régime rwandais et donnait des nouvelles du front. Pendant le génocide, les survivants tentaient de capter ses ondes, espérant la chute rapide du pouvoir génocidaire.

Songa était un repère de combattants du FPR et qu'il fallait en finir au plus vite. C'était un mensonge grotesque, nous n'étions que des civils très affaiblis qui essayions seulement de vivre quelques jours de plus. Nous sommes devenus une priorité, une obsession pour nos tueurs. À leurs yeux, des Tutsi qui résistaient, c'était insupportable.

La guerre commençait tous les matins lorsque les miliciens se ruaient sur la face nord de notre colline. Nous nous efforcions de ne pas avoir peur. Chaque homme avait à ses côtés une femme, le pagne rempli de pierres qu'elle avait ramassées la veille au soir ou au petit matin.

Une pluie de cailloux s'abattait sur nos tueurs, nous parvenions à en blesser beaucoup. Ils tentaient de riposter en nous jetant à leur tour des projectiles, des lances, ou en tirant des flèches avec leurs arcs. Mais notre position surélevée nous donnait l'avantage. Ils ne pouvaient pas s'approcher. Chaque jour, leur nombre augmentait, mais nous tenions bon.

À la fin de la journée, ils rentraient chez eux, nous laissant quelques heures de répit.

Avec l'afflux de réfugiés, il a fallu régler de nouveaux problèmes. Notre colline était dénuée de tout. Il n'y avait pas d'ombre, pas d'eau, pas de nourriture.

Il ne s'agissait plus seulement de combattre pour éviter la mort : il fallait organiser la vie.

Nous n'avions pas prévu d'endroit où faire nos besoins. Nous nous sommes mis d'accord afin que la zone où nous dormions reste propre.

Le plus gros enjeu était de s'alimenter.

Le seul moyen de boire était de descendre dans la vallée où coulait un petit ruisseau. L'eau y était mauvaise mais nous n'avions pas d'autre choix, il n'y avait ni puits ni fontaine. Le problème était de la rapporter jusqu'au camp. Nous étions partis en catastrophe en laissant tout derrière nous. Nous n'avions rien, aucun de ces objets en apparence anodins et pourtant indispensables quand on en manque. Comment faire quand on n'a pas de seau ? Certains avaient des petites bouteilles, mais pour la plupart d'entre nous, il fallait boire sur place en se penchant comme des animaux et en espérant ne pas se faire dévorer par nos prédateurs, les Hutu. Nous n'y allions que le matin avant le début des combats, lorsque les miliciens dormaient encore.

Pour la nourriture, c'était encore plus compliqué. Quelques Tutsi avaient apporté des vivres en petites quantités, des légumes ou de la farine. Les fils de Frédéric avaient pu sauver un sac de haricots. Une autre famille m'a donné des pommes de terre qui nous ont permis de tenir un jour ou deux. Certains étaient même venus avec leurs vaches et avaient du lait. Mais très vite, tout cela n'a plus suffi.

Nous avions repéré des champs tout autour de l'ISAR Songa. Il nous était impossible de nous rendre du côté nord où les miliciens nous attendaient. Des côtés sud, est et ouest en revanche, nous pouvions envoyer des petits groupes d'une vingtaine de personnes piller les cultures. Les plus fragiles, les femmes, les enfants, étaient systématiquement accompagnés d'hommes forts en cas d'attaque. Comme pour l'eau, il fallait s'y rendre très tôt le matin et faire vite pour éviter de se faire repérer. Nous volions des bananes et des haricots. C'était la saison de la récolte du manioc que nous mangions cru, faute de pouvoir allumer du feu.

Je rappelais aux équipes chargées de rapporter de la nourriture de ne pas oublier de ramasser toutes les pierres qu'elles pouvaient. Les pierres étaient les garantes de notre survie. Sans elles, pas de résistance, nous aurions été massacrés en quelques heures.

Certains Tutsi, qui vivaient juste à côté de l'ISAR Songa avant le génocide et s'y étaient réfugiés comme nous, prenaient d'énormes risques pour se nourrir. Ils rentraient discrètement dans leur village la nuit, priant pour que personne ne les voie, et vidaient leur maison de tout ce qui pouvait les faire tenir un jour, deux jours ou davantage.

Nous avons aussi découvert que l'ISAR continuait de vendre du lait. Cela faisait partie de ses activités avant les tueries, mais nous n'imaginions pas que le commerce se poursuivrait en plein génocide. Surtout entre des salariés Hutu et des réfugiés Tutsi. Ceux qui avaient de l'argent l'ont dépensé ainsi. Chaque minute de vie gagnée était une victoire.

Mais les quantités étaient largement insuffisantes : nous étions de plus en plus nombreux et avions accès à de moins en moins de nourriture.

Nous ne faisions qu'un maigre repas par jour, la faim est devenue une obsession. Les combats étaient durs et nous faiblissions à vue d'œil. Nous avons décidé de tuer les vaches de la colline. Leurs propriétaires étaient désespérés, ils pleuraient à chaudes larmes. Je leur ai expliqué : « On va crever de faim, vous ne pourrez pas sauver vos vaches si vous mourez ! »

Comment leur en vouloir ? Les vaches étaient souvent tout ce qui leur restait, ce qui les rattachait à leur vie d'avant. Nous n'avions pas le choix. Nous avons mangé les vaches.

Puisque j'étais le chef, on venait me voir lorsqu'il y avait un problème à régler, un vieux malade qui ne pouvait plus bouger, une famille qui manquait d'eau ou de nourriture. Mais les ressources étaient tellement limitées qu'il m'était souvent impossible d'agir.

Parfois, on me signalait qu'un enfant était perdu et qu'il n'avait personne pour s'occuper de lui. Dans la débandade, de nombreuses familles avaient été dispersées et les petits laissés derrière, au grand désespoir de leurs parents. Nous essayions alors de trouver des proches, un oncle, un cousin, un ancien voisin qui accepterait de partager le peu qu'il avait. Mais la solidarité s'arrêtait là. Les journées étaient presque exclusivement tournées autour des combats et de la recherche de vivres. Il ne nous restait que peu de temps et d'énergie pour prendre soin des plus fragiles. Malgré tout, nous avions conscience que nous ne survivions que parce que nous étions ensemble. Pour la plupart, nous étions loin de nos familles, nous avions perdu nos enfants, nos femmes, nos maris ou nos parents dans la fuite. Nous avions besoin des autres pour nous défendre, pour parler le soir et nous donner du courage.

Il pleuvait beaucoup à cette période, chaque averse nous offrait un répit. Au Rwanda, il est de coutume de cesser de travailler quand l'orage gronde. Les hommes et les femmes quittent alors les champs et attendent que le soleil réapparaisse pour y retourner.

Pour les Hutu, tuer était une tâche comme une autre : ils s'arrêtaient quand le temps se gâtait. Nous nous penchions alors, accroupis, en tentant de nous protéger avec ce que nous pouvions, un vêtement ou un matelas. Nous joignions les mains pour boire sans avoir à nous rendre au ruisseau. Nous avions froid mais nous étions vivants, à l'abri pendant quelques minutes ou quelques heures. Beaucoup de rescapés du génocide se sont sauvés ainsi et gardent un rapport particulier, presque magique, avec la pluie. Elle était notre alliée contre la haine des autres hommes.

*

Dans le sud du Rwanda où nous nous trouvions, les Tutsi et les Hutu vivaient paisiblement les uns avec les autres avant le génocide. L'ethnie n'empêchait pas l'amitié et même les histoires d'amour. Beaucoup de couples étaient mixtes et leurs enfants étaient mélangés. Les appels à la haine ont créé des situations dramatiques dans les familles. Des maris Hutu ont tué leur femme Tutsi, des mères Hutu dont le mari était Tutsi ont assassiné leurs propres enfants. Comment convaincre une mère de tuer ses propres bébés ? J'ai encore du mal à le comprendre aujourd'hui.

Le 22 avril, quand les miliciens ont appelé les Hutu à quitter l'ISAR Songa dans leurs mégaphones, nous avons vu des familles se séparer, des couples se quitter. Les Hutu ont délaissé leurs proches, leurs époux, leurs amis.

Les Tutsi étaient condamnés à mort, les Hutu poussés à tuer, au-delà de leurs liens familiaux ou affectifs.

Heureusement, il y a eu des exceptions.

Plusieurs femmes Tutsi ont vu partir leurs maris Hutu ce matin-là. Mais au lieu de les abandonner, ceux-ci ont profité de leur liberté de circuler pour leur apporter discrètement de l'eau et de la nourriture. Ces hommes sont aussi devenus nos complices. Quand ils venaient le soir, nous les interrogions sur l'état des forces de nos tueurs et leur organisation. J'ai appris ainsi que notre résistance les rendait fous et que j'étais leur cible principale.

C'est sans doute en interrogeant les Hutu qui avaient quitté le groupe que les miliciens *interahamwe* ont entendu parler de moi. Un Tutsi, maître de karaté, qui avait mobilisé tout un village pour combattre à la rivière Mwogo et qui organisait depuis des jours la défense de l'ISAR Songa ? Ils ne pouvaient pas l'accepter.

Ma mort était leur priorité. Je portais une grosse barbe, des favoris et les cheveux longs. J'ai su que le chef de leur milice avait promis une récompense à celui qui lui ramènerait ma tête si particulière.

Dès lors, j'ai été plus vigilant que jamais. Je ne dormais que quelques minutes par nuit, je craignais qu'ils envoient quelqu'un pour m'assassiner. J'étais entouré en permanence par des hommes chargés de me protéger. La journée, je passais d'une zone à l'autre : au front, avec les groupes de ramasseurs de pierres, avec ceux qui cherchaient de la nourriture. Mais je ne suis plus resté seul. Un homme ne me quittait jamais. Il s'appelait Vincent. Il avait deux ans de moins que moi, il était petit, très mince et très myope. Il avait perdu ses lunettes dès les premiers combats, ce qui le handicapait terriblement.

Les périodes de crise peuvent te transformer, te faire oublier que tu es humain. Elles peuvent aussi exalter tes relations. J'ai avec mes amis de l'ISAR Songa des liens que je ne partage avec personne d'autre. Nous avons vu des choses impossibles à décrire et à comprendre pour quelqu'un qui n'était pas là.

Vincent était la personne dont j'étais le plus proche. Il venait de mon village, son père et le mien se côtoyaient, j'étais allé à l'école avec son grand frère. Nous avions confiance l'un en l'autre, celle que l'on ne ressent que pour ceux que l'on fréquente depuis toujours.

À mon arrivée à l'ISAR Songa, je ne connaissais presque personne. La plupart des Tutsi de chez moi avaient été tués lors de l'attaque du 21 avril ou étaient restés bloqués dans la forêt. Avec Vincent, nous étions rassurés de nous retrouver. Nous avions décidé de rester ensemble en permanence et que si l'un de nous venait à mourir, l'autre devrait honorer sa mémoire.

Nous dormions et partions au front côte à côte, nous partagions le peu de nourriture que nous trouvions. Lorsque ma vie a été menacée, il s'est mué en garde du corps et m'a juré qu'il ferait tout pour me défendre.

Sur la colline, je me suis fait d'autres amis.

Philippe et Albert étaient des paysans robustes qui venaient de villages proches de l'ISAR Songa. Ils connaissaient la région par cœur et dirigeaient chacun un groupe de combattants. Les *interahamwe* étaient leurs voisins, leurs copains d'école. Ils savaient leurs noms, avaient côtoyé leurs parents et partagé des repas et des bières avec eux. Mais la vie d'avant ne comptait plus. Les miliciens tuaient sans distinction.

J'enviais Philippe. Il avait la chance d'avoir sa femme et ses trois enfants près de lui, ils avaient pu s'échapper ensemble. Il les embrassait le matin en espérant les revoir le soir. Albert, lui, s'était marié avec une Hutu. Quand le génocide avait commencé, il avait fui seul et ses enfants étaient restés avec leur mère. Depuis, ils ne donnaient plus aucune nouvelle. Albert voyait les maris Hutu apporter de la nourriture à leurs femmes Tutsi. Son épouse, elle, faisait comme s'il était déjà mort.

Albert a appris que les hommes de sa belle-famille participaient aux massacres et qu'ils avaient assassiné son petit frère. Il ne l'a jamais pardonné à sa femme. Après le génocide, il a refusé de la revoir, « Ce n'est plus ma femme, ce ne sont plus mes enfants ».

Vincent, Philippe, Albert et moi prenions les décisions ensemble et menions la lutte. Je n'avais plus de famille, ils étaient comme mes frères.

Nous avons combattu avec courage. Pendant cinq jours, nous n'avons compté qu'une dizaine de morts, de faim ou de maladie. Beaucoup souffraient de terribles diarrhées, sans doute à cause de l'eau que l'on buvait au ruisseau. Nous avons creusé des tombes et avons pu les enterrer comme il se doit.

Les miliciens ne sont pas parvenus à pénétrer dans notre camp retranché. Nous vivions mal, mais nous vivions.

Le soir, nous nous retrouvions et nous parlions du lendemain, des stratégies à adopter pour résister tant que nous le pouvions. Beaucoup étaient convaincus que le FPR n'était plus très loin et qu'en gagnant la guerre, il allait bientôt mettre fin à ce qu'on n'appelait pas encore un génocide.

Le 27 avril, vers quatorze heures, un bruit inconnu a interrompu notre journée. Nous l'entendions se rapprocher sans pouvoir l'identifier, avant qu'une ombre ne passe au-dessus de nous. C'était un hélicoptère qui survolait notre colline. Nous étions terrorisés, nous pensions que nous allions être bombardés. Il s'est éloigné, puis est repassé plusieurs fois, tellement bas que nous pouvions voir le visage des passagers qui nous scrutaient avec des jumelles. Nous sentions le souffle des pales, nous nous sommes allongés les mains sur la tête.

Après quelques cercles, l'hélicoptère est reparti. Nous ne savions pas comment interpréter ce changement dans les habitudes de nos tueurs. La seule chose dont nous étions certains, c'est que c'était mauvais signe. Jusqu'à maintenant, nous n'avions eu face à nous que des hommes équipés d'armes blanches ; ni fusil ni grenade. L'utilisation d'un hélicoptère, alors que la guerre entre l'armée et le FPR faisait rage et qu'il était sans doute plus utile ailleurs, était difficilement compréhensible.

Le soir après les combats, nous n'avons parlé que de ça. Les optimistes se disputaient avec les pessimistes, chacun cherchant à expliquer, avec plus de convictions que d'informations, la nouvelle musique de notre guerre.

L'un de nos complices, un Hutu marié à une femme Tutsi de la colline, est venu nous voir avec de terribles nouvelles. Il nous a annoncé que les *interahamwe* avaient fait appel aux gendarmes. Épuisés, vexés, ils avaient besoin de leur aide pour venir à bout de notre résistance. Une réunion avait eu lieu la veille dans la vallée entre les autorités et les miliciens et la décision avait été prise : l'État allait utiliser les grands moyens pour se débarrasser de nous.

L'hélicoptère avait été envoyé en mission de reconnaissance. Nos ennemis savaient désormais exactement où nous nous trouvions et combien nous étions. Ils avaient vu notre faiblesse, les vieux et les enfants qui se traînaient en haut de la colline, affamés ou malades. Et surtout, ils savaient que nous étions peu armés ; nos pierres seraient impuissantes s'ils utilisaient des fusils. Face à des miliciens, nous pouvions lutter. Face à une armée, c'était perdu d'avance.

Vers vingt heures, nous nous sommes rassemblés. J'ai demandé que l'on se compte. Nous étions un peu plus de trois mille quatre cents.

J'ai pris la parole devant l'assemblée. Je refusais d'abdiquer, il fallait se battre jusqu'au bout, comme mon père me l'avait enseigné.

Je leur ai répété ce que je martelais depuis une semaine : c'était le groupe qui nous protégeait, nous n'étions forts que parce que nous étions nombreux et unis. « Il nous faut partir dès ce soir vers le Burundi. Tous ensemble, nous franchirons les barrières en luttant, ils ne pourront pas tous nous tuer ! »

Je redoutais que les miliciens et les gendarmes ne nous attaquent le lendemain avec des armes lourdes. Il valait mieux s'enfuir plutôt que de se faire massacrer ici.

J'avais un plan, préparé avec Vincent, Philippe et Albert. Nous allions constituer une masse invulnérable : à l'avant, les quelques vaches qui restaient, ensuite les hommes forts, puis les femmes, les enfants et les vieux, et enfin, d'autres hommes robustes pour fermer la marche. Ainsi, nous pourrions nous défendre tout en avançant. Les vaches nous serviraient de boucliers et les combattants utiliseraient leurs machettes et leurs lances pour repousser les miliciens. Et si nous partions la nuit même, l'obscurité serait notre alliée, nous pourrions avancer jusqu'à la frontière. Quelques vieux habitants de la région connaissaient la route jusqu'à la Kanyaru, ils pourraient nous guider.

Quand j'ai fini mon discours, les gens se sont tus. Je m'attendais à ce qu'ils m'obéissent comme ils le faisaient depuis une semaine. Jusque-là, ils m'avaient fait confiance et en suivant mes instructions, nous étions parvenus à rester en vie.

Mais ce soir-là, ils ont réagi différemment.

Un homme s'est levé et a pris la parole à son tour. Il était devenu influent sur la colline. Il organisait des messes et encourageait les Tutsi à prier, à supplier Dieu de nous épargner car seul le Tout-Puissant pouvait nous sauver.

Il a juré à la foule que les miliciens ne pourraient jamais tous nous tuer, que nous étions bien trop nombreux, que nous étions à l'abri à l'ISAR Songa et qu'il valait mieux ne pas partir. Il a ajouté que Dieu nous protégeait et qu'il fallait croire en Lui. D'autres se sont levés et ont abondé dans son sens.

Si Dieu allait nous sauver, pas besoin d'écouter Sinzi.

J'ai senti la peur me serrer le ventre, comme le soir où j'avais appris l'attentat contre l'avion du président Habyarimana. J'étais convaincu que rester à l'ISAR Songa était un suicide collectif. Je ne comprenais pas pourquoi, après une semaine de souffrance, ces gens refusaient de fuir. Nos tueurs savaient tout de nous, nous étions à leur merci.

Un instituteur a levé la main ; lui était convaincu par mon plan, il voulait partir coûte que coûte. Mais il n'a pas réussi non plus à mobiliser le groupe. Il a décidé de tenter sa chance malgré tout, avec quelques dizaines de jeunes hommes. Là encore, je pensais que c'était une mauvaise idée. Le pays était bouclé, chaque route était bloquée, il y avait des barrières partout. Quelques dizaines d'hommes, ce n'était pas suffisant. Il fallait que nous soyons nombreux, que nous avancions par milliers pour forcer le passage.

L'instituteur est parti avec son petit groupe. Nous n'avons plus jamais entendu parler d'eux. Ils ne sont pas arrivés au Burundi et personne n'a retrouvé leurs corps après le génocide. Comme s'ils n'avaient jamais existé.

Cette nuit-là, je tremblais. Je me sentais plus vulnérable que jamais.

*

Le 28 avril, nous nous sommes préparés comme tous les matins. Les femmes et les enfants ont ramassé des pierres et les hommes se sont positionnés du côté nord. Nous attendions les tueurs, déterminés à les repousser encore et gagner un jour de vie de plus.

À huit heures, les miliciens étaient en retard. Aucun bruit, pas de chant, pas de fureur. Eux qui venaient nous assassiner si ponctuellement d'habitude n'étaient pas là. Que se passait-il ? C'était encore plus effrayant de ne pas les voir.

Nous avions tous en tête les alertes de la veille et restions sur nos gardes. Nous craignions qu'ils nous tendent un piège.

Les minutes ont passé lentement. À dix heures, toujours rien, à midi, même chose. Il faisait beau, nous ne comprenions pas. Pour la première fois depuis notre arrivée, aucun nouveau réfugié ne nous rejoignait sur la colline. Seul un homme s'était dirigé vers nous vers neuf heures en passant par la face sud, mais il avait fait marche arrière sans que nous sachions pourquoi.

En début d'après-midi, certains ont commencé à espérer. Et si la guerre était finie ? Peut-être qu'ils ont peur de nous ?

Ceux qui avaient du savon se sont lavés, les hommes munis d'un rasoir ont coupé leur barbe. En quelques heures à peine, l'ambiance avait complètement changé. Et si Dieu avait décidé de nous épargner ?

J'étais circonspect ; je ne croyais pas aux miracles. Mais je ne savais pas non plus comment interpréter le silence de nos bourreaux.

Je regardais les heures défiler sur ma montre. Toujours rien.

Et puis soudain, à seize heures précises, nous avons enfin compris ce qui se tramait. Un énorme bruit a déchiré la colline. Un obus de mortier a explosé au milieu de la foule. J'ai vu des dizaines de corps s'envoler, propulsés par le souffle, puis s'écraser au sol, morts.

Au même moment, des hommes, plus nombreux et bruyants que jamais, ont attaqué la face nord. Ils étaient comme des fous, excités par l'odeur du sang, sûrs de leur victoire imminente. Ils n'avaient plus de machettes mais des fusils et des grenades. C'étaient des gendarmes en uniforme, des représentants de l'État dont la mission du jour était d'exterminer leurs concitoyens, des civils réfugiés et affamés sur une colline. Les miliciens leur prêtaient main-forte en attaquant à l'est et à l'ouest, cette fois-ci. Eux aussi étaient armés de fusils.

En quelques minutes, notre maigre résistance a été démolie. Les tueurs ont pris d'assaut la colline, chargeant, tirant, découpant, assassinant les Tutsi comme du bétail à l'abattoir.

Callixte, le professeur qui me torturait quand j'étais enfant en me tirant par les oreilles, a été tué parmi les premiers. Il s'était réfugié à l'ISAR Songa avec sa femme et ses sept enfants, dont un bébé qui venait de naître. Ils ont été assassinés tous ensemble.

Les obus continuaient de pleuvoir, emportant à chaque fois des dizaines de gens, des femmes, des enfants. On n'entendait plus que les détonations et les cris, ceux des tueurs, ceux des blessés, ceux des bébés en larmes. L'artilleur visait la masse afin d'être le plus efficace possible.

J'étais avec Vincent. Nous nous sommes attrapés par le bras et éloignés de la foule, espérant que la prochaine explosion ne nous toucherait pas. Il fallait fuir, mais où aller ? Ceux qui échappaient aux obus couraient dans tous les sens, en sursis, avant d'être achevés à la machette.

Après une semaine de résistance à l'ISAR Songa, nous avions perdu la guerre. Il ne nous restait plus qu'à mourir.

Les gendarmes et les miliciens avaient un plan. Ils savaient que nous étions nombreux et qu'ils ne pourraient pas tous nous tuer sur la colline. Ils nous ont volontairement laissé une ouverture au sud. Un petit chemin, large comme une voiture, où nous n'avions pas d'autre choix que de nous précipiter, tombant dans un nouveau piège. Nous ne savions pas où il menait, nous n'avions ni le temps ni la possibilité de réfléchir.

Nous étions coincés.

Nos bourreaux le savaient, cela faisait partie de leur stratégie. Cent mètres après le début du chemin, des groupes de miliciens armés de machettes sont sortis des abords de la route et ont attaqué la queue de notre groupe, là où se trouvaient ceux qui avançaient le plus difficilement, les vieux, les femmes, les enfants, les plus fragiles.

J'étais devant, toujours armé d'une machette et d'un gourdin, aux côtés de Vincent, Philippe et Albert. Nous ne regardions pas derrière, obsédés par l'idée d'avancer.

Mais nous entendions le bruit des lames, les agonies de femmes égorgées.

Les tueurs étaient juste derrière nous.

Depuis trente ans, je revis ces scènes dans mes cauchemars. Une femme, ralentie par le bébé qu'elle avait dans le dos, l'a détaché et jeté sur le bord du chemin. Elle a été tuée un peu plus loin.

Une autre, qui portait aussi son enfant dans le dos, était poursuivie par des miliciens. Quand nous avons traversé un champ de riz, elle s'est précipitée dans une bassine d'eau, la tête la première, pour tenter de se noyer. Le suicide était plus doux que la mort à coups de machette, atroce et douloureuse. Les tueurs l'ont vue et ne lui ont pas laissé le temps de mourir. Ils l'ont achevée avec son bébé. Nos tueurs étaient fous, nous étions terrorisés.

On fonçait. Pour celui qui s'arrêtait, c'était la fin.

Au bout de quelques kilomètres, nous sommes tombés sur un homme qui barrait le chemin, seul avec son arc. Je lui ai crié de baisser son arme, « Nous sommes forts, nous sommes nombreux, tu seras mort avant de toucher qui que ce soit ! ».

Nous lui avons jeté des dizaines de pierres et il s'est enfui. Nous étions décidés à nous battre jusqu'au bout, mais nous perdions de plus en plus de monde. Les plus lents étaient assassinés. Le groupe rétrécissait à vue d'œil.

Encore quelques kilomètres plus loin, j'ai senti mon corps me lâcher. Mes jambes étaient tétanisées par les crampes, je ne pouvais plus avancer. Je me suis dit que si je souffrais, moi qui étais jeune et fort, cela devait être impossible pour les plus faibles de suivre le rythme. Nous avions une petite avance sur nos tueurs ; nous avons fait une courte pause, j'ai massé mes mollets puis j'ai donné l'ordre de repartir plus lentement.

La nuit est tombée mais nous ne nous sommes pas arrêtés. Nous marchions depuis des heures lorsqu'une flèche a transpercé le corps de l'homme qui marchait juste à côté de moi. Il s'est effondré.

À une dizaine de mètres devant nous, un groupe de Hutu armés d'arcs étaient positionnés sur un talus. Nous avons entendu une deuxième salve de flèches fendre l'air. D'autres parmi nous sont tombés, frappés par la mort. Nous nous sommes jetés à terre. Pris en tenaille, nous devions agir.

J'ai hurlé : « Alfred, passe-moi le fusil, nous allons vider notre chargeur ici ! Je vais les tuer ! » J'ai ordonné aux hommes qui m'entouraient de jeter des pierres en l'air. En s'entrechoquant, elles ont provoqué des étincelles.

Les tueurs ont cru que nous étions armés et se sont enfuis.

Je pensais que nous pourrions passer toutes les barrières ainsi, avec du courage, du bluff et surtout parce que nous étions un groupe, de plus en plus maigre certes, mais assez imposant pour franchir les obstacles.

Cela faisait plusieurs heures que les miliciens ne nous avaient plus attaqués par-derrière. Nous croyions les avoir semés. Nous sommes passés devant une maison que beaucoup ont reconnue.

Ceux qui habitaient dans la région m'ont appris qu'elle appartenait à Kantano et qu'il avait grandi ici*. Kantano était une célébrité au Rwanda, adoré par les Hutu et craint par les Tutsi. C'était l'animateur star de la RTLM. Il faisait rire ses auditeurs, passait des chansons à la mode et crachait sa haine entre chaque morceau. Tous les jours, il appelait les Hutu à nous exterminer.

J'ai explosé. Je voulais détruire sa maison et attaquer ceux qui se trouvaient à l'intérieur. Vincent était à côté de moi, il est parvenu à me calmer. Il m'a expliqué qu'il valait mieux rester discret, que nous n'avions ni le temps ni intérêt à tout casser et que nous pourrions attirer d'autres miliciens. Je l'ai écouté.

En contournant la maison, j'ai réalisé que nous étions attendus. Une autre barrière nous faisait face, bien plus dangereuse que les précédentes. Des gendarmes positionnés derrière des troncs d'arbre et armés de fusils nous mettaient en joue. Ils faisaient partie des tueurs de l'ISAR Songa, ils avaient emprunté une autre route pour nous prendre à revers.

Ils ont tiré une première fois, touchant des dizaines d'entre nous. Nouvelle débandade. Lorsqu'ils ont tiré une seconde fois, j'ai crié : « Allons à droite ! »

Ceux qui m'ont entendu m'ont suivi à travers champs. Nous avons couru nous cacher dans une

* Kantano Habimana était l'animateur phare de la RTLM, célèbre pour ses diatribes appelant aux meurtres des Tutsi. Après le génocide, il s'est enfui au Zaïre où il est mort à une date indéterminée sans jamais avoir été jugé.

bananeraie. Les autres sont partis à gauche. J'ai regardé tout autour de moi. Sur les plus de trois mille Tutsi de l'ISAR Songa, il n'en restait que quelques centaines, cachés entre les arbres et dans les herbes hautes.

Lorsque le premier obus avait explosé plus tôt dans l'après-midi, j'étais à la barrière nord avec les combattants. Les femmes et les enfants étaient au camp. La famille de Philippe a été tuée à ce moment-là, achevée par les miliciens, loin de lui. Son épouse et ses trois enfants. Il les avait protégés sur la colline pendant tout ce temps, mais n'a pas pu les sauver. Il ne s'en est jamais remis.

Dans la panique, j'avais perdu moi aussi mes neveux et nièces dont je m'occupais depuis le premier jour. Je ne savais pas où ils étaient. Étaient-ils morts sur la colline ? Avaient-ils pu s'enfuir ou se cacher quelque part ? Parmi les enfants, seul mon neveu Gatari a pu atteindre le petit chemin que nous avons suivi. Il marchait à l'arrière du groupe que je menais ; je ne l'ai pas vu.

Quand nous nous sommes fait tirer dessus derrière la maison de Kantano, je suis parti à droite, lui à gauche.

*

Mon neveu Gatari Égide était le fils de Frédéric et Frolide et le petit frère de Chantal. En 1994, il avait huit ans.

Le 21 avril, le jour où les miliciens nous avaient attaqués avec des fusils à la rivière Mwogo, il avait fui comme tout le monde, sans doute sans bien comprendre ce qui se passait.

Dans la forêt, son frère, sa sœur et lui avaient perdu leurs parents. Ils s'étaient retrouvés seuls tous les trois, paniqués. En cherchant leur famille, ils étaient tombés sur moi, en quête de la mienne. Depuis, je veillais sur eux et sur les trois enfants de ma sœur. Nous avions marché ensemble jusqu'à l'ISAR Songa où nous avions organisé notre survie. La journée, les petits ramassaient des pierres pour les combattants, et le soir, nous partagions le peu de nourriture que nous avions. Le 28 avril, le jour de l'attaque sur la colline, Gatari s'était à nouveau perdu, il était seul, séparé des autres enfants. Il avait suivi le groupe de fuyards sur le petit chemin, ignorant que j'en étais le meneur. Je n'imagine pas comment, à son âge, malgré la faim et la peur, il a pu continuer à avancer.

À la barrière des gendarmes, après la maison de Kantano, il est parti à gauche. Il ne pouvait pas savoir que c'était le mauvais côté. Des miliciens attendaient là et ont arrêté les Tutsi.

Ces hommes ont discuté de la meilleure manière de tuer leurs proies. Ils ne voulaient pas gâcher les balles de leurs fusils et ont décidé de les achever à la machette. Ils leur ont attaché les mains dans le dos et les ont découpés, un par un, avant de jeter les corps dans une fosse.

Parmi les tueurs, un homme était venu avec son fils qui avait à peu près le même âge que Gatari. L'enfant a demandé à son père la permission de tuer, lui aussi. Son père a accepté. Il lui a appris comment exécuter un Tutsi.

C'est ce garçon qui a attaché les mains de mon neveu. Il s'est assis à côté de lui et a attendu que son père massacre lui-même plusieurs personnes.

Quand l'homme a terminé, il a tendu la machette ensanglantée à son fils en lui demandant s'il avait bien compris comment faire.

Le garçon n'avait sans doute jamais tenu une machette auparavant et n'était pas très à l'aise. Il a frappé plusieurs fois Gatari à la tête, mais il manquait de force. Gatari s'est évanoui. Le père, pensant qu'il était mort, a tiré son corps vers la fosse et l'a jeté au-dessus des autres.

Puis ils sont partis.

À l'aube, Gatari a été réveillé par le froid. Blessé, étourdi au milieu des cadavres, il est parvenu à sortir de la fosse et a erré à la recherche de nourriture. Des enfants Hutu qui gardaient les vaches l'ont surpris dans un champ de pommes de terre. Ils lui ont couru après, l'ont attrapé et l'ont amené à leurs parents.

Les adultes n'ont pas su quoi faire de ce petit Tutsi, le crâne fêlé et couvert de sang. Il y avait dans leur village une barrière tenue par des policiers municipaux où ils ont décidé de le conduire : eux sauraient comment agir.

Cette barrière était le théâtre quotidien de la même scène déchirante. Une femme Hutu y passait toutes ses journées à supplier les hommes de la tuer. Son mari Tutsi et ses six enfants avaient été assassinés par ses propres frères. Elle était détruite, seule. Elle ne voulait plus vivre.

Les policiers essayaient de la chasser mais elle revenait sans cesse. « Tuez-moi, je veux mourir, moi aussi ! »

Lorsque Gatari a été conduit à la barrière, l'un des policiers a dit à la femme : « Prends-le, c'est un cafard comme ton mari et tes enfants ! Il travaillera pour toi. »

C'était une manière de se débarrasser de deux problèmes, la femme et mon neveu.

Elle a emmené Gatari chez elle et a pris soin de lui.

Il lui restait quelques comprimés d'antibiotiques, des médicaments rares à cette époque. Elle a écrasé les pilules pour en faire de la poudre qu'elle a appliquée pendant quelques jours sur les blessures du petit garçon. Gatari a lentement guéri et a repris des forces. Il est resté chez cette femme jusqu'à la fin du génocide, il l'aidait à travailler la terre et à garder ses cochons.

Lorsque le FPR a gagné la guerre, les Hutu ont fui vers le Zaïre. La femme est partie comme les autres. Ses parents étant trop vieux et faibles pour prendre la route de l'exil, elle a décidé de leur laisser Gatari. Il est resté un temps chez eux jusqu'à ce que la femme revienne. En chemin vers le Zaïre, elle a décidé de faire demi-tour. Elle n'avait rien fait de mal et était une victime elle-même, une veuve dont la famille avait été assassinée. Pourquoi fuir avec ses frères qui avaient le sang de ses propres enfants sur les mains ? Elle a ramené Gatari chez elle où il a repris son travail. Et puis le hasard s'en est mêlé.

En septembre 1994, quelques semaines après la fin du génocide, un ami de mon frère est passé devant la maison et a reconnu mon neveu. « Tu ressembles à Butare Frédéric, tu es de sa famille ? » Gatari lui a répondu que Frédéric était son père, mais qu'il ne savait pas où il était, qu'il s'était réfugié sur la colline de l'ISAR Songa avec son oncle Sinzi dont il avait aussi perdu la trace. Cet ami de mon frère savait que j'avais survécu, il connaissait aussi mon ami Vincent ; il lui a parlé de Gatari.

Nous sommes venus ensemble chercher mon neveu. Un moment très triste. C'est en me revoyant que Gatari a réalisé qu'il ne retrouverait jamais ses parents. Mes frères et moi avons pris soin de lui.

Il est allé à l'école, a fait de bonnes études, a travaillé au ministère de l'Agriculture, avant de partir en Corée du Sud où il vient de finir son master. Il est marié et père de deux enfants. Ses cicatrices à la tête sont encore visibles et il a perdu en partie l'usage d'un œil. Il a longtemps été le président de l'Association des étudiants rescapés du génocide, dont je suis l'un des membres fondateurs. Je l'ai vu lors de réunions, c'est un homme autoritaire, calme et très sérieux. Il a trente-huit ans mais la maturité d'un vieil homme.

Ce petit garçon qui est devenu grand a dû énormément souffrir et doit encore souffrir aujourd'hui. Pour moi ça a été plus facile. Je n'ai pas été blessé physiquement. Et puis j'étais adulte. Comment un enfant de huit ans peut-il supporter ce qu'il a subi ?

*

Ce 28 avril 1994, je ne savais rien du destin de mon neveu Gatari.

Par chance, lorsque les gendarmes nous ont tiré dessus après la maison de Kantano, je faisais partie du groupe qui a tourné du bon côté, à droite. La bananeraie nous a protégés, nous n'avons pas été arrêtés.

Nous avons poursuivi notre route à travers champs en espérant éviter les tueurs. Vincent, Philippe, Albert et moi marchions en tête. Un peu plus loin, nous avons été bloqués par une nouvelle barrière tenue par des hommes armés uniquement de machettes. Nous avons foncé dans leur direction en hurlant et en brandissant les nôtres. Ils ont eu peur et se sont enfuis. Nous n'étions plus que trois cents environ, presque que des hommes, quelques femmes et seulement deux enfants de dix et onze ans. Les plus vieux et les plus faibles étaient déjà morts.

Nous ne savions pas où nous étions ; j'espérais que nous marchions en direction du Burundi. J'ai demandé au groupe si quelqu'un connaissait la région. Un jeune garçon a levé la main, c'était le petit frère de Vincent. Sa tante n'habitait pas loin et il lui rendait souvent visite pendant les vacances. Il a pointé une colline en face de nous. Selon lui, il s'agissait de Muyaga où, depuis le sommet, on pouvait apercevoir le Burundi. Nous avons décidé de lui faire confiance et sommes partis en direction de la colline, en espérant que dans cette nuit sans lune, le garçon ne se trompait pas.

Nous sommes passés devant une maison où nous avons deviné qu'une famille dormait paisiblement. À nouveau, j'ai été saisi par cette colère incontrôlable. J'ai proposé d'entrer, d'éliminer tous ses habitants et de garder un otage qui nous indiquerait la route. J'avais perdu mes parents, mes frères et sœurs, mes neveux et nièces. J'avais perdu Jeannette et Nadia. Je voulais me venger des Hutu, n'importe quels Hutu. Vincent était horrifié, il était hors de question pour lui de s'en prendre à des civils qui n'avaient peut-être rien à voir avec notre souffrance. Il a su me persuader une nouvelle fois de rester humain. Nous sommes repartis.

Il fallait contourner la maison pour avancer vers la colline de Muyaga. Une moitié est passée sur la droite. Avec l'autre moitié, cette fois-ci, j'ai pris à gauche.

Sans le décider, nous nous sommes séparés, scellant ainsi nos destins.

En avançant, nous ne lâchions pas la colline des yeux, nous tentions de garder le cap. Mais une clôture de fils barbelés nous a obligés à bifurquer. Nous voulions monter ; or nous descendions, nous allions dans le mauvais sens. J'étais inquiet, certain que nous étions en train de nous perdre, de tourner en rond. Nous allions forcément nous faire prendre.

Tout en bas de la pente, dans la nuit noire, nous nous sommes aperçus que nous marchions dans un champ. J'ai attrapé une plante que j'ai goûtée et crachée aussitôt. Cela ressemblait à une aubergine sauvage.

En faisant encore quelques pas, nous avons senti l'humidité. De l'eau qui montait de plus en plus haut. Nous pensions avoir atterri dans des marais.

J'avais soif, je me suis penché pour boire. Le liquide était acide, je l'ai recraché également.

Ce n'étaient pas des marais, c'était une rivière, la Kanyaru, la frontière du Burundi. Nous avions marché une cinquantaine de kilomètres depuis l'ISAR Songa. La vie était là, de l'autre côté.

Nous avions de l'eau jusqu'à la poitrine quand j'ai demandé qui dans le groupe savait nager. Trois hommes seulement ont levé la main.

Dans nos campagnes, il n'était pas commun de savoir nager. Seuls ceux qui vivaient à côté d'un lac ou d'une rivière avaient appris.

Quand j'étais enfant, mon frère Fidèle m'avait frappé pour me punir d'avoir plongé dans une mare avec les enfants du village. Cette nuit d'avril 1994, je me suis réjoui de lui avoir désobéi. Je savais nager et j'avais confiance en ma force physique.

Le premier homme s'est jeté dans la rivière et a tenté de rejoindre l'autre rive. Le courant était si puissant qu'il a été emporté et s'est noyé, à seulement quelques dizaines de mètres de la fin du cauchemar.

Avec les deux autres, nous avons retiré nos vêtements et plongé à notre tour. Nous étions maigres, épuisés par des semaines de privations et de nuits sans sommeil, cela faisait des heures que nous courions le ventre vide. Mais nous n'avions pas le choix.

Au milieu de la rivière, nous avons senti que nous touchions quelque chose. Une vision terrifiante. Des corps nus flottaient, transpercés par des bambous. C'est ainsi que les miliciens tuaient les Tutsi lorsqu'ils en attrapaient à côté de la frontière. Ils prenaient le temps de voler leurs vêtements avant de les achever.

Certains avaient été en partie dévorés par des animaux, des crocodiles ou des hippopotames. C'était insoutenable.

Enfin, nous avons touché la terre burundaise. Nous étions sauvés.

Je me suis retourné vers la rive rwandaise. Les autres criaient, me suppliaient de venir les chercher. J'étais leur chef, ils comptaient sur moi. Les deux hommes avec qui j'avais traversé ont tenté de me retenir, m'expliquant qu'il était trop dangereux de nager dans l'autre sens. Mais je suis reparti quand même et j'ai retrouvé le groupe. J'avais un plan. Avec nos vêtements, pantalons, pagnes, chemises, nous allions fabriquer une corde en les nouant ensemble.

Ensuite, nous pourrions la tendre entre les deux pays et tout le monde passerait en s'accrochant.

Notre corde était longue et solide. Je l'ai enroulée autour de ma taille et j'ai plongé à nouveau vers le Burundi. Neuf hommes, apeurés, ne m'ont pas laissé le temps d'atteindre mon but et de sauver tout le groupe. Ils se sont agrippés à la corde. J'ai nagé de toutes mes forces et j'ai réussi à les tirer vers l'autre bord. J'étais exténué.

Désormais, nous étions douze sur la rive burundaise mais j'étais trop faible pour repartir dans l'autre sens. Nous avons dû abandonner le plan de la corde.

J'ai crié à ceux qui étaient restés du côté rwandais que j'allais trouver une autre solution pour les faire passer. Ils ne me croyaient pas. Je leur ai promis que je ne les abandonnerais pas.

L'un d'entre eux, un vieil homme qui avait fui avec nous, a plongé dans la rivière et s'est noyé. Il a préféré mourir, pourquoi ? Pensait-il que je ne reviendrais pas ? Il avait perdu sa femme et ses enfants. Est-ce qu'arrivé si près du but, l'idée de survivre lui faisait trop mal ?

J'ai ordonné au groupe de se cacher. « Calmez-vous, ne faites pas de bruit, ne vous montrez pas et attendez-moi ! »

Vincent, Philippe et Albert étaient avec eux et me faisaient confiance. Ils m'ont obéi, ce qui a rassuré les autres.

Du côté burundais, les onze autres hommes et moi étions trempés et à moitié nus. Nous sommes partis chercher de l'aide. À deux cents mètres de la rive, nous sommes arrivés devant une maison sans clôture. Il était deux heures du matin. Une femme était réveillée, debout devant chez elle. Elle portait une jupe noire et un pagne. Je l'ai saluée en kirundi, la langue du Burundi, elle m'a répondu en kinyarwanda. J'ai eu peur. Étions-nous encore au Rwanda ? Avions-nous traversé une autre rivière que la Kanyaru ?

Quatre hommes sont sortis de la maison avec deux chiens. Ils tenaient des gourdins. J'ai pensé qu'ils allaient nous attaquer. Nous avions abandonné nos machettes pour nager, mais nous étions plus nombreux qu'eux, nous pouvions les frapper et les jeter à l'eau si nécessaire. Je raisonnais encore comme une bête traquée.

Heureusement, ça ne s'est pas passé comme ça.

Deux de mes camarades étaient fumeurs. Cela faisait des semaines qu'ils n'avaient pas touché une cigarette. Ils ont demandé à l'un des hommes s'il pouvait leur en offrir. L'homme les a regardés et leur a tendu son paquet. C'était un signe de paix. La femme a vu que nous avions soif, elle est allée chercher de l'eau dans la maison. Ils n'étaient pas agressifs, nous ne risquions rien. Ils nous ont confirmé que nous étions bien au Burundi. Nous leur avons expliqué que nous venions du Rwanda, que nous n'étions que quelques survivants sur un groupe de plusieurs milliers, que des dizaines d'autres étaient coincés de l'autre côté de la rivière et qu'ils ne savaient pas nager. Connaissaient-ils des piroguiers qui pourraient les aider ?

Ils ont baissé la tête et refusé de nous répondre. « C'est interdit, il ne faut pas traverser la frontière illégalement. »

Qui peut dire ça à des survivants de l'enfer ?

Nous étions dans une zone peuplée uniquement de Hutu. Ici, ils n'exterminaient pas les Tutsi comme au Rwanda mais ils ne nous aimaient pas, ils se méfiaient de nous. J'ai insisté. Nos amis devaient fuir au plus vite. La nuit les protégeait encore, mais au lever du jour ils allaient forcément être repérés et massacrés.

Nous avons alors entendu un bruit terrifiant. Des hurlements qui venaient de la rive rwandaise. Des chiens, des pleurs et des larmes. Des hommes, des femmes se faisaient assassiner. Encore des morts. Nous étions horrifiés. Nos amis avaient-ils été découverts ?

Les Burundais sont restés stoïques. Ils ne voulaient pas avoir de problèmes en accueillant des Tutsi rwandais sans autorisation. Ils nous ont emmenés voir le chef du village, un petit homme en veste kaki qui s'appelait Thomas. Il nous a tenu le même discours : il lui fallait l'aval de l'armée pour nous aider. Il voulait nous conduire à la caserne située à trois kilomètres de là avant de prendre une décision. C'était impensable. Le temps pressait.

Je lui ai menti. « Mes amis coincés de l'autre côté sont riches, ils ont des bijoux, des montres, de l'argent. N'y a-t-il pas moyen de leur porter secours ? Tu pourrais en profiter. »

Ça l'a convaincu. Nous avons rejoint une maison où vivaient deux piroguiers. Il a frappé à la porte, « Il y a des Rwandais qu'il faut aller chercher ! Ils ont de l'argent, allez les aider ! ».

Les piroguiers nous ont accompagnés au bord de la rivière. J'ai appelé mon groupe, mort d'inquiétude, les cris nous avaient glacé le sang. Au bout d'un court instant, nos amis sont sortis de leur cachette, aussi soulagés de nous voir que nous de les retrouver en vie. Je leur ai expliqué qu'ils allaient pouvoir passer, mais qu'il fallait rester calme et silencieux.

Chacune des deux barques ne pouvait contenir que six personnes, ça allait prendre un moment. Les allers-retours ont commencé. Pendant ce temps, je suis parti avec Thomas, le chef du village, à la base militaire. Là-bas, le ton a changé, le capitaine était bien plus chaleureux. À cette époque, au Burundi, les Tutsi étaient largement majoritaires parmi les soldats. Il m'a juré que tous les nôtres seraient sauvés, puis il s'est tourné vers Thomas. « Si un seul de ces hommes vient à manquer, c'est toute la colline qui sera punie ! » Il ne faisait pas confiance à des Hutu pour qui l'argent valait plus que la vie.

Je suis redescendu en courant vers la rivière et j'ai retrouvé mes amis. Les piroguiers leur avaient pris tout ce qu'ils avaient, vêtements, chaussures, montres. Mais ils étaient vivants.

Le militaire m'a demandé s'il ne manquait personne. Je lui ai confirmé que tout le monde était bien là. Nous étions le 29 avril, il était cinq heures du matin. Treize heures après l'attaque sur la colline, nous étions enfin à l'abri.

Nous sommes restés plusieurs heures au bord de la Kanyaru. Nous attendions l'autre groupe, celui qui était passé à droite de la maison lorsque nous cherchions à rejoindre la colline de Muyaga.

Nous avons patienté longtemps, l'angoisse montait.

Vers neuf heures du matin, nous les avons vus passer. Des corps qui flottaient, portés par le courant.

Un.

Puis deux.

Puis des dizaines.

C'étaient eux que nous avions entendus agoniser un peu plus tôt.

J'ai aperçu une femme qui semblait encore vivante, les mains attachées dans le dos. Elle était gravement blessée à la tête. Elle avait été frappée de plusieurs coups de machette. Nous l'avons sortie de l'eau. J'ai tenté de la réanimer et elle a ouvert les yeux. Albert l'a reconnue. C'était Béatrice, la femme de son frère qui avait été tué dans leur village.

*

Au début du génocide, Béatrice s'était enfuie avec son petit garçon vers l'ISAR Songa. Albert, lui, avait laissé sa femme Hutu et ses enfants derrière lui. Les deux rescapés s'étaient rapprochés, unis par le chagrin. Albert avait aidé Béatrice et son neveu, ils partageaient tout ce qu'ils trouvaient à manger et dormaient côte à côte. Le jour du bombardement de la colline, Béatrice et son fils avaient pu emprunter le petit chemin et échapper aux milices. Elle faisait partie des rares femmes à avoir survécu.

Lorsque nous avons contourné la maison près de Muyaga par la gauche, elle est partie à droite avec l'autre groupe.

Pendant que nous traversions la Kanyaru, ils sont tombés dans un piège.

Juste avant d'arriver à la rivière, ils ont été arrêtés par une vingtaine de Hutu, chargés d'empêcher les Tutsi de s'enfuir vers le Burundi.

Les Hutu n'avaient pas d'armes à feu, juste des machettes, des gourdins et des lances.

Les nôtres étaient bien plus nombreux mais ils ont obéi.

Les tueurs leur ont ordonné de s'asseoir et les ont ligotés. Un par un, ils les ont achevés, avant de jeter leurs corps dans la rivière. Le fils de Béatrice est mort sur le coup, pas elle.

Cette histoire me hante encore aujourd'hui. Pourquoi ont-ils accepté de mourir sans lutter ? Je ne comprends pas. Je me dis qu'ils étaient peut-être déjà morts dans leur tête, qu'ils avaient eu trop peur, trop mal, qu'ils avaient trop souffert pour résister encore.

Quand Béatrice a ouvert les yeux au bord de la rivière, elle a murmuré que les autres ne reviendraient pas, qu'ils avaient tous été tués et qu'elle n'avait plus de fils. Elle a été conduite à l'hôpital au Burundi où les médecins ont recousu ses plaies.

Plus tard, Albert l'a épousée. Ils n'avaient plus de famille et se sont consolés l'un avec l'autre. Ils n'ont pas eu d'autres enfants. Béatrice a vécu dix ans de plus, puis est partie en 2004. Elle était malade et maigrissait à vue d'œil. Elle ne s'était jamais vraiment rétablie. On ne le dit pas assez, mais beaucoup de rescapés sont morts plus tard, emportés eux aussi par le génocide.

Vers onze heures du matin, le 29 avril 1994, sans espoir de retrouver d'autres membres de notre groupe, nous nous sommes dirigés vers la caserne. Nous étions trois mille quatre cents à la veille du bombardement de notre colline. Ce matin-là, nous n'étions plus que cent dix-huit. Les derniers survivants de l'ISAR Songa.

Les soldats nous ont installés dans une classe de l'école primaire d'un village. Des membres du HCR nous ont donné à manger et nous avons mis les vêtements qui nous restaient à sécher au soleil.

Et puis, le chagrin a commencé à monter.

Nous étions assis, chacun dans son coin, silencieux. Cela faisait des jours que nous ne réfléchissions plus, que nous agissions comme des bêtes poussées uniquement par l'instinct de survie. Nous avions tous perdu des êtres chers. Nous étions orphelins, veufs, nous n'avions plus d'enfants. Nous avions la vie sauve, mais nous n'avions plus rien d'autre. Beaucoup se sont mis à pleurer. Le petit frère de Vincent qui nous avait indiqué la colline de Muyaga faisait partie du mauvais groupe, il avait été assassiné. Philippe venait de réaliser qu'il ne reverrait plus sa femme et ses trois enfants.

Moi, je pensais à Jeannette et Nadia et mon cœur pleurait. J'étais convaincu qu'elles avaient été tuées. Comment auraient-elles pu survivre ? Seuls les plus forts avaient franchi tous les obstacles, ma femme et mon bébé n'avaient aucune chance. Les idées sombres tournaient dans mon esprit. Ont-elles été assassinées dans la forêt ? Comment sont-elles mortes ? Ont-elles souffert ?

Les six enfants dont j'avais pris soin à l'ISAR Songa avaient disparu. Seul Gatari avait miraculeusement survécu, mais je ne le savais pas encore.

Je regardais au loin, je voyais le monde et j'avais le sentiment de ne plus en faire partie. Comment vivre quand tout est mort autour de soi ?

Personne n'était heureux. Nous ne pouvions pas être heureux.

La nuit, nous avons dormi par terre dans la salle de classe. Nous étions encore habités par l'angoisse. Un Tutsi burundais est venu nous voir et nous a discrètement conseillé de nous méfier, les Hutu de la région pouvaient parfois être violents, eux aussi.

J'ai placé un tronc d'arbre devant la porte et je me suis positionné juste derrière pour bloquer l'entrée. Nous avions tous des pierres à portée de main pour nous défendre, si jamais. On ne peut pas arrêter d'avoir peur d'une minute à l'autre, il faut du temps pour calmer son corps et son esprit.

À nouveau, le HCR nous a distribué de l'eau et des biscuits. Le deuxième jour, ils sont venus avec du savon. Nous ne nous étions pas lavés depuis plus d'une semaine. Nous sommes tous partis vers une petite cascade qui coulait à côté du village et nous nous sommes complètement déshabillés, hommes et femmes ensemble. Le génocide avait tout effacé, nos réflexes et nos codes. Il nous a fallu plusieurs minutes pour réaliser que nous étions nus. Nous nous sommes cachés, fous de honte. Nous redevenions tout doucement humains.

Au bout de quelques jours, le HCR nous a évacués vers Kirundo, l'immense camp où étaient regroupés tous les Tutsi rwandais parvenus à franchir la frontière. La vie y était dure, il y avait beaucoup de réfugiés, les travailleurs humanitaires faisaient ce qu'ils pouvaient pour prendre soin de nous.

À l'entrée, ils donnaient à chacun une couverture, une assiette, une cuillère, du riz et du sel. Rien d'autre. Pour le reste, il fallait se débrouiller.

Nous sommes partis couper des troncs d'arbre dans une forêt juste à côté et nous avons fabriqué des tentes de fortune, quatre bouts de bois et la couverture par-dessus pour se protéger.

Au camp, je suis tombé par hasard sur Innocent, un chauffeur du HCR avec qui j'avais étudié au Burundi. Il était heureux de me voir vivant. Il m'a emmené voir les militaires, « Pouvons-nous offrir à manger à mon ami ? ».

Je me souviens du menu : des aubergines, des bananes cuites et une bière. C'était mon premier vrai repas depuis longtemps. La nuit suivante, j'ai fermé les yeux et dormi profondément. Cela ne m'était pas arrivé depuis la chute de l'avion le 6 avril.

Le beau-père d'Innocent vivait à proximité. Il a proposé de m'héberger chez lui où j'aurais une vie plus confortable. J'ai souhaité que Vincent m'accompagne. Après tout ce que nous avions partagé, il était hors de question que je l'abandonne. Nous sommes sortis en cachette du camp – il était obligatoire de demander l'autorisation – et nous avons dormi quelques nuits dans cette maison. J'ai prié Innocent de prévenir Fidèle que j'avais survécu et que j'étais réfugié au Burundi. Mon frère nous a immédiatement envoyé un chauffeur pour que nous puissions le rejoindre à Bujumbura.

Je ne me souviens pas de son visage quand il m'a revu. Je crois qu'il était soulagé que je sois en vie et terriblement triste que toute notre famille ait disparu.

Vincent avait perdu ses lunettes dans les combats et son œil était infecté. Fidèle l'a emmené se faire soigner chez l'ophtalmologue et lui a payé une nouvelle paire. Il connaissait le grand frère de Vincent qui s'était fait assassiner au tout début du mois d'avril. Il voulait faire quelque chose pour lui.

Je suis arrivé chez Fidèle au début du mois de mai 1994. J'y ai passé deux mois pénibles, deux mois d'une attente interminable.

Dans les premiers jours, ils me posaient tous énormément de questions, Fidèle, mes oncles et tantes, mes cousins, tous ceux qui avaient vécu le génocide à distance et qui tentaient de comprendre. Mais que pouvais-je leur expliquer ? Tout le monde était mort, il n'y avait pas grand-chose de plus à savoir. Vu la force et la détermination des Hutu pour nous exterminer, je n'imaginais pas qu'il puisse y avoir d'autres survivants.

Je n'avais pas envie de parler. Toujours les mêmes questions, toujours les mêmes réponses. Où est-elle ? Est-il vivant ? Que lui est-il arrivé ?

« Je ne sais pas, je pense qu'ils ont tous été tués. »

J'étais absent et je me sentais vide. Je cherchais un sens à ma survie et je ne le trouvais pas. Pourquoi ? Pourquoi moi ? Et que faire maintenant ?

Je passais mes journées à la maison avec Vincent. Le soir, nous buvions de la bière pour nous endormir.

Nous entendions à la radio que le FPR remportait bataille sur bataille et que la victoire était proche. Des accès de rage me montaient encore. J'imaginais des plans de vengeance, m'engager, déserter avec mon fusil et tuer tous les Hutu de mon village. Je ne ressentais plus que du chagrin et de la haine.

Pour la première fois depuis que j'avais commencé en 1978, je ne m'entraînais plus au karaté. Je n'en avais plus la force.

J'ai retrouvé quelques connaissances dont François, mon ami d'enfance avec qui j'avais fait du commerce et qui avait fui dès le déclenchement de la guerre en 1990 en abandonnant son métier de chauffeur. Depuis son départ, il vivait seul au Burundi. Toute sa famille avait été exterminée au Rwanda.

J'ai également reçu une lettre signée d'une jeune femme avec qui j'avais étudié au secondaire. Elle avait appris que j'avais survécu. Elle s'appelait Béatrice. Ses mots étaient beaux et doux. Elle m'écrivait qu'elle pensait à moi et aux miens et qu'elle espérait que je fusse courageux. Selon elle, si Dieu m'avait permis de vivre, c'était forcément pour une raison que je comprendrais plus tard.

Elle venait d'une famille de réfugiés Tutsi qui avait fui les persécutions dans les années soixante et s'était installée au Burundi. Son père était mort il y a longtemps, elle vivait avec sa mère. Comme les autres membres de la diaspora Tutsi, les deux femmes suivaient à la radio, horrifiées, les nouvelles rwandaises. Je suis allé leur rendre visite, elles m'ont offert du thé, nous avons discuté, cela m'a fait beaucoup de bien. J'avais le sentiment de retrouver une famille.

Quelque temps après mon arrivée chez Fidèle, j'ai appris qu'un camp pour enfants rescapés du génocide avait ouvert à Bujumbura, géré par l'association Terre des Hommes. Ses responsables avaient fait sortir des orphelins du Rwanda et les avaient installés dans un grand hangar. Puisqu'ils étaient français et que la France était alliée avec le régime Hutu, nous ne leur faisions pas confiance. Nous ne voulions pas que ces enfants restent avec eux*.

Tous les matins, je me rendais dans le camp, comme beaucoup d'autres survivants. Quand nous reconnaissions un enfant, nous essayions de contacter sa famille, des cousins ou des amis qui pourraient

* Le rapport de la commission Duclert remis au président Emmanuel Macron en 2021 fait état d'un « ensemble de responsabilités lourdes et accablantes » de la France dans le génocide des Tutsi.

en prendre soin. Des Tutsi burundais ont également accepté d'en adopter.

J'ai sorti ainsi du hangar plusieurs enfants dont je connaissais les parents, certains à qui j'avais enseigné le karaté.

Sans me l'avouer, je rêvais d'un miracle et de voir apparaître Nadia. Mais Nadia n'apparaissait pas.

Nous n'avions aucune information. Y avait-il des survivants ? Où étaient-ils ?

Nous voulions retourner au Rwanda au plus vite. Nous rêvions de revoir les nôtres, d'un peu de vie dans cet océan de mort.

Quand la région du Bugesera a été libérée par le FPR, Vincent, qui en était originaire, est parti le premier, espérant retrouver ses parents.

Quelques jours plus tard, Butare est tombée. François, Fidèle et moi avons décidé de prendre la route à notre tour.

Cela faisait deux mois que j'avais échappé à l'enfer rwandais. Je m'apprêtais à y replonger.

Fidèle tremblait. Contrairement à lui, je savais à quoi m'attendre, j'avais conscience que le pays était un cimetière.

J'ai peu de souvenirs de ce voyage. On m'a dit plus tard que les maisons étaient brûlées et que des cadavres gisaient sur le bord des routes. Mais mon cerveau a gommé ces images de ma mémoire.

En revanche, je me rappelle notre arrivée à l'université de Butare. Le bâtiment était intact. J'avais gardé les clés de mon bureau. Curieusement, mes affaires n'avaient pas été volées, j'ai retrouvé mon kimono et la ceinture noire que m'avait offerte le maître japonais Kamigaito Yoshikazu.

Un jeune homme m'a reconnu et s'est approché. Il s'appelait Emmanuel, c'était un Hutu qui s'entraînait avec moi avant le génocide. Je lui ai demandé des nouvelles de la dizaine d'étudiants Tutsi qui suivaient mes cours et qui se réfugiaient chez moi lorsque la situation était trop tendue. Ils étaient tous morts. Le seul qui avait survécu s'est tué peu de temps après dans un accident de moto. Et lui, cet étudiant Hutu, qu'avait-il fait ?

Nous avons roulé vers notre village. Tout était détruit. Ça sentait la mort, cette odeur qui attaque les narines et donne envie de pleurer.

Tous les Hutu avaient fui, il ne restait que des vieux qui n'avaient pas eu la force de marcher vers le Zaïre. Ils nous ont donné quelques informations. Grâce à eux, j'ai su qu'Aimable avait ordonné que tous les cadavres fussent enterrés dans des fosses afin de ne pas les laisser pourrir au soleil.

Dans la maison de mes parents, j'ai trouvé la tombe de mon père, le corps de mon frère Frédéric et de quelques autres Tutsi qui s'y étaient réfugiés.

Un peu plus loin, on nous a dit que notre sœur Félicité était là, dans un trou. Elle avait été achevée à coups de pierres avec ses trois enfants et enterrée devant chez elle.

Nous n'avons pas retrouvé tout de suite mon autre sœur Josépha. Il a fallu que les frères de son mari mènent une enquête et que quelqu'un finisse par leur avouer où ils se trouvaient. Ils avaient été assassinés avec leurs onze enfants et jetés dans une fosse.

Nous avons eu de la chance, nous avons pu récupérer presque tous les corps de notre famille. Il ne manque que les enfants de ma sœur et ceux de mon frère. C'est beaucoup et peu en même temps. De nombreux rescapés n'ont jamais pu offrir de sépulture à leurs parents ou à leurs enfants. C'est une souffrance supplémentaire. Comment faire son deuil sans un lieu où prier et pleurer ?

Nous avons enterré les nôtres sur la parcelle de nos parents, une vingtaine de morts avec leurs noms sur une stèle, à côté de la tombe de ma mère. Nous n'avons pas reconstruit la maison mais nous sommes toujours propriétaires de la terre. J'emploie des ouvriers pour qu'ils ne cessent de cultiver les champs et élever des vaches. C'est important que la vie continue, qu'il reste des traces du monde d'avant. En revanche, le reste du village s'est vidé des familles Tutsi. Les rares qui ont survécu, comme moi, sont partis. Comment dormir au milieu des morts et habiter à côté des assassins ? Certains génocidaires sont sortis de prison après quelques années et sont revenus s'installer chez eux. L'un des hommes qui a tué ma sœur Félicité vit juste en face de sa tombe. Pourrais-je le croiser tous les jours ? Nos plaies saignent encore.

Régulièrement, des paysans découvrent des corps en défrichant la terre. Dans notre village, on a déterré récemment la dépouille d'un vieux monsieur. En 1994, il s'était caché chez des Hutu qui ont fini par l'assassiner après l'avoir protégé. Pourquoi ont-ils changé d'avis ? On ne le sait pas. Ont-ils craint d'être découverts et punis par les miliciens ? Peut-être que le mari et la femme n'étaient pas d'accord ? Les voisins ont-ils fini par le repérer ? Tellement de raisons ont poussé d'honnêtes gens à se transformer en meurtriers.

Le jour de notre retour au village, une voisine Hutu s'est mise à hurler en nous voyant, « Pauvre

Fidèle, pauvre Sinzi, les fils de Gakwisi ! Qui va me donner du lait et de l'huile maintenant ? ».

Elle se lamentait sur son propre sort, elle, une Hutu, alors que nous venions de perdre toute notre famille. Ses deux fils avaient fui. Quand ils sont rentrés, ils ont été condamnés à de lourdes peines de prison. J'ai appris plus tard qu'ils faisaient partie du groupe qui avait assassiné à coups de pierres ma sœur Félicité et ses enfants.

Fidèle était plus en colère que moi, il posait beaucoup de questions et fondait en larmes régulièrement. Moi je ne pleurais pas. Je voulais juste qu'on m'épargne les détails.

Pendant le génocide, les humains ont cessé d'être humains. On dit souvent que nos tueurs se sont comportés comme des animaux, mais les animaux sont bien moins cruels que les hommes.

On m'a raconté une histoire, bien plus tard. Des miliciens Hutu ont tué une famille Tutsi. La plus jeune fille qui avait cinq ou six ans s'est enfuie et a repéré un trou dans lequel vivait un immense serpent. La morsure lui faisait moins peur que les machettes, elle s'est engouffrée à l'intérieur pour se cacher. Miraculeusement, le serpent ne l'a pas dévorée. Pendant plusieurs jours, il s'est occupé d'elle, il lui a apporté des patates douces et du maïs. La bête l'a protégée. La petite fille ne sortait plus du trou. Lorsque le FPR a conquis la zone, des rescapés ont prévenu les soldats que cette enfant s'était jetée dans la gueule d'un serpent. Les hommes ont attendu que le reptile sorte et lui ont tiré dessus. La petite fille est sortie en pleurant, criant qu'ils venaient de tuer ses parents une deuxième fois. Qui est l'homme, qui est l'animal ?

Quelques semaines après notre premier séjour au Rwanda, alors que nous étions rentrés au Burundi, mon frère Fidèle a décidé de retourner s'installer au pays. Tout était détruit, mais c'était chez lui. Il voulait retrouver ce qui lui avait été arraché et participer à la reconstruction.

Il a loué une maison à Kigali et fait venir sa femme et ses enfants. Je l'ai suivi et me suis installé chez lui.

La capitale avait changé. Les maisons des Tutsi étaient détruites, leurs magasins saccagés. Il restait des traces des combats, des impacts de balle sur les murs. Nous manquions de tout, les Hutu avaient été trop occupés à tuer pour cultiver pendant les trois mois du génocide. Les étals des marchés étaient vides, pas de légumes ni de fruits. Nous mangions des boîtes de conserve importées d'Ouganda.

Les rescapés ne pensaient qu'à une chose : retrouver la trace de leurs proches. C'était une obsession. Mais comment faire ? Les téléphones portables n'existaient pas encore, les réseaux sociaux non plus.

Le FPR avait ouvert plusieurs camps dans le pays, où étaient regroupés ceux qui n'avaient plus rien ni personne et qui ne savaient pas où aller. Nous passions de l'un à l'autre, espérant trouver quelqu'un, de la famille, un ami, une information.

C'est dans l'un de ces camps que nous avons eu le bonheur de tomber sur l'une des filles de ma sœur Virginie. Elle avait été cachée dans une famille Hutu qui l'avait laissée derrière elle en s'enfuyant. Sa sœur avait également été protégée par des Hutu qui, eux, l'avaient emmenée jusqu'au Zaïre avant que le HCR ne la ramène au Rwanda et nous la confie.

Chantal, la fille de Frédéric, avait été recueillie par un militaire du FPR qui, pensant que toute sa famille avait été exterminée, avait prévu de l'adopter. Il l'avait installée chez sa sœur à Kigali. Un jour, la fille de Fidèle l'a aperçue par hasard. Elle nous a prévenus et nous avons pu la récupérer. Nous avons retrouvé son frère Gatari peu de temps après. Ainsi, nous nous sommes retrouvés avec un petit groupe d'enfants à charge, tous orphelins et traumatisés.

Fidèle a loué une deuxième maison où je me suis installé avec mes neveux et nièces ; j'avais la lourde tâche d'en prendre soin.

Nous étions des naufragés, eux sans leurs parents, moi sans ma femme et ma fille. Nous tentions de vivre, de survivre, les uns à côté des autres. Nous voulions recréer un noyau familial, tant bien que mal. Je n'avais toujours aucune nouvelle de Jeannette et Nadia.

L'un des camps de réfugiés se trouvait à Ruhango, à deux heures de route au sud de Kigali. Nous nous y sommes rendus, Fidèle et moi, quelques semaines après notre retour au Rwanda.

Entre les tentes, j'ai aperçu un jeune homme qui cherchait à manger. En m'approchant, j'ai reconnu Noël, le fils de l'un de mes cousins. Noël était celui que j'avais vu au loin, le jour de l'attaque à la rivière, accompagnant Jeannette et Nadia au milieu de la masse de Tutsi qui fuyaient dans la forêt.

C'était un choc. Si ma femme et ma fille n'étaient pas avec lui, c'est qu'elles n'avaient pas survécu.

Il m'a raconté ce qu'il savait.

Le 21 avril, ils se sont retrouvés coincés tous les trois dans la forêt de Sazange. Noël a proposé à

Jeannette de se réfugier chez Antoine Niyonzima, le père de mon beau-frère François, qui vivait à proximité. C'était un enseignant Tutsi qu'il connaissait bien. Antoine a accepté de les recueillir. Noël s'est camouflé dans son champ, Jeannette et Nadia se sont installées dans la maison. Antoine leur a donné à manger.

Au bout de quelques jours, les tueurs se sont approchés. Noël est resté dans son champ, ma femme et ma fille se sont cachées dans la bananeraie, dans un trou destiné à la fermentation des fruits pour la fabrication de bière de banane.

Le jour où les miliciens ont attaqué la maison, ils ont tué Antoine et sa femme les premiers. Noël a entendu au loin les cris des hommes et des chiens, il a fui à travers les roseaux sans se retourner. Il a réussi à s'échapper et à survivre. Il n'en savait pas plus.

Ce jour-là au camp de réfugiés, il m'a proposé de m'aider à mener l'enquête autour de la maison d'Antoine. Je ne connaissais pas les lieux. C'était là, d'après lui, que nous pourrions peut-être trouver des informations sur Jeannette et Nadia.

Nous y avons passé beaucoup de temps. Les voisins Hutu restaient silencieux, comme c'est encore souvent le cas aujourd'hui. Les Hutu refusent de révéler où sont enterrés les corps pour ne pas être accusés de les avoir tués eux-mêmes et éviter les problèmes. C'était une période terrible. Il fallait du courage pour chercher, chercher encore, interroger des tueurs en prison, les supplier de donner des informations et supporter leurs mensonges. C'est ce que j'ai fait pendant des mois.

J'ai demandé de l'aide à mon ami Albert avec qui j'avais combattu à l'ISAR Songa. Il venait de la région et connaissait du monde. Il a fini par convaincre un ancien ouvrier d'Antoine de lui raconter ce qui s'était passé.

L'homme lui a avoué qu'une femme était enterrée dans un champ derrière la maison. Personne ne connaissait son identité.

Albert m'a prévenu et je me suis mis en route.

J'étais terrorisé.

Mes frères m'ont accompagné. François, Albert et d'autres amis de l'ISAR Songa m'entouraient, eux aussi. Nous avons exhumé le corps. J'ai tout de suite reconnu les vêtements de Jeannette. Mes larmes ne coulaient pas, mais tout mon corps tremblait. Ses assassins l'avaient enterrée sur la parcelle d'Antoine. Le bas de son corps était nu. Elle avait été violée avant d'être achevée. J'ai imaginé ses derniers instants et j'ai tremblé encore. Je m'en voulais de ne pas avoir pu la protéger comme je lui avais promis. Perdre un proche, c'est une douleur. Savoir comment il a été tué, c'est une torture. Je me sentais coupable, c'est comme si j'étais mort, moi aussi.

Ce qui est pire encore, c'est le vide, l'absence de réponse. On n'a jamais retrouvé le corps de Nadia. Nous avons fouillé partout, pourtant. A-t-elle été mangée par les chiens ? A-t-elle été enterrée ailleurs ? A-t-elle été enlevée ? Ces questions m'obsèdent.

Aujourd'hui, je suis convaincu qu'on l'a tuée. Mais il reste un doute, et ce doute est insoutenable. Si elle vit encore, est-elle devenue l'esclave d'un Hutu ? S'est-elle mariée avec quelqu'un que je ne connaîtrai jamais ?

Peut-être qu'elle souffre quelque part et qu'elle a besoin de moi.

J'ai pu offrir une tombe à Jeannette, à mes parents, à mes frères et sœurs, je peux m'y recueillir. Mais de Nadia, il ne reste rien.

Je repense souvent à cette dernière image, quand je les ai vues du haut de la colline. La peur, la bouteille de lait, ma petite fille dans le dos de sa mère. J'en rêve la nuit et je frémis. J'ai eu la vie sauve, et pas elles.

À quoi bon ?

Ma mémoire me joue des tours. Mon cerveau a effacé certains souvenirs de Nadia, sa date de naissance précise, par exemple. Elle est née à la fin de l'année 1992, mais quel jour ? Elle n'avait même pas un an et demi en avril 1994. Je me rappelle qu'elle était jolie et douce. Elle avait prononcé ses premiers mots, « Papa » et « Maman », et avait fait ses premiers pas. Plus tard, ma sœur a retrouvé une photo d'elle, prise peu de temps avant le génocide. Elle porte une jolie robe à nœud. Elle ressemble à sa mère.

Je l'aimais, je l'aime encore et je pense à elle tous les jours. C'était ma petite fille adorée, Nadia.

*

Je me suis occupé des orphelins de ma famille pendant quelques semaines, le temps qu'ils retrouvent un foyer. Ils ont été pris en charge par mes frères ou ma sœur. Puis je suis retourné à Kigali chez Fidèle. J'étais dévasté. Je passais mes journées à ne rien faire, à attendre que le temps file et que le sommeil efface ma peine pour quelques heures.

J'ai finalement réussi à me reconstruire grâce à deux hommes.

Le premier s'appelle Alexis, c'était le frère de mon père. Un soir de décembre 1994, Fidèle m'a hurlé dessus, furieux car j'avais emprunté sa voiture et j'étais rentré plus tard que prévu. Alexis était médecin, directeur général de l'hôpital de l'université de Butare. Il dormait à la maison cette nuit-là et avait assisté à la scène. Il est venu me parler dans ma chambre.

Il m'a interrogé sur ma femme et ma fille, sur ma vie depuis leur mort. Il m'a demandé ce que je comptais faire de mon avenir. Je ne savais pas. J'avais trente-quatre ans, j'avais tout perdu, je n'étais plus rien.

Il m'a proposé une nouvelle voie. « Tu es un homme mais tu habites encore chez ton frère. L'université va bientôt rouvrir ses portes, pourquoi ne t'inscris-tu pas en première année ? Tu as la chance d'être vivant, profites-en ! Tu peux étudier, trouver un métier, penser au futur plutôt qu'au passé. »

Cela faisait des mois que j'avais abandonné le karaté. Alexis m'a encouragé à reprendre. « Entraîne-toi une fois le matin et une fois le soir, chaque jour. Transpire ! Ton corps va redevenir fort et ton cerveau suivra. »

Je me suis laissé convaincre.

Grâce à Alexis, j'ai donc repris le chemin de l'école. C'était une manière de retrouver celui de la vie. Un matin, je suis monté dans le bus qui reliait

Kigali à Butare, j'ai croisé un vieil ami du Burundi, il m'a félicité pour mon courage.

C'était le jour de l'examen d'entrée. Je pensais être trop vieux et trop fatigué, je n'avais pas étudié depuis des années. Mais j'ai répondu aux questions du mieux que je pouvais. La semaine suivante, les résultats ont été affichés sur la porte. J'étais admis en première année, je bénéficiais même d'une bourse du gouvernement et d'une place à l'internat. J'étais fier de moi. C'était la première fois depuis des mois que mon cœur se réchauffait.

À la rentrée, un professeur a accueilli les nouveaux élèves et s'est présenté. Il avait longtemps vécu au Zaïre et venait de s'installer au Rwanda. Il nous a tenu un discours auquel je ne m'attendais pas. Il nous a expliqué que désormais, les ethnies n'existaient plus, l'apartheid non plus, que nous étions tous égaux et qu'il fallait oublier la haine et l'esprit de vengeance.

Chaque élève avait désormais le droit d'apprendre ce qu'il voulait. J'avais toujours rêvé de devenir ingénieur en construction, mais en tant que Tutsi, cela m'était impossible auparavant. Je me suis inscrit et j'ai commencé à étudier.

L'autre homme qui m'a permis de m'élever s'appelle Emmanuel.

Lors de mes premiers mois à l'université, j'étais en colère en permanence. Je ne supportais pas l'idée de vivre aux côtés d'étudiants Hutu. À l'époque, afin d'apaiser le pays, le nouveau gouvernement était très sévère avec les Tutsi qui se vengeaient des tueurs. Même ceux qui insultaient leurs voisins pouvaient être punis. Je ne dépassais pas les bornes mais j'étais agressif. Je les toisais du regard dans les couloirs, je leur ordonnais de s'asseoir loin de moi à la cantine. Ils sentaient que je les haïssais.

Emmanuel était un ancien soldat du FPR qui s'était inscrit en même temps que moi à l'université. Un jour, il m'a proposé d'aller déjeuner.

Il m'a pris par surprise.

« Tu as envie de te venger, n'est-ce pas ?

– Oui. »

Il m'a exposé un calcul macabre. « Imagine que le gouvernement t'autorise à tuer tous les Hutu que tu veux, qu'il te fournisse même des armes pour accomplir ta tâche plus facilement. La seule condition serait d'enterrer toi-même chacune de tes victimes. Combien de temps te faudrait-il pour tous les éliminer ? »

J'ai accepté de jouer avec lui et commencé à faire des multiplications. Je pourrais tuer et enterrer deux ou trois hommes par jour au maximum, ce qui représenterait entre soixante et quatre-vingt-dix par mois.

Ma vie ne suffirait pas à me débarrasser de tous les Hutu du pays.

Emmanuel a souri. « Ta haine va t'épuiser, te faire vieillir plus vite. Et les Hutu de l'université n'ont rien à voir avec le meurtre des tiens. Tu as la chance d'être encore jeune, tu es ceinture noire de karaté, tu peux reconstruire une famille. Si tu changes d'état d'esprit, tu avanceras. »

Emmanuel m'a convaincu, lui aussi. Je devais évoluer. J'avais le sentiment que j'avais été mordu, qu'il restait du venin dans mon corps et qu'il fallait que je m'en débarrasse. J'ai tenté de ravaler ma haine.

Le rythme de mes journées a complètement changé. J'habitais une petite chambre à l'université, je m'entraînais tous les jours, matin et soir, comme me l'avait suggéré Alexis, j'étudiais une matière qui me passionnait. J'avais enterré les membres de ma famille et pleuré leur mort, je pouvais penser à moi et à la suite.

Je débutais une nouvelle vie.

III

LE RETOUR À LA VIE

J'ai terminé mes études en 1998 ; je suis devenu ingénieur technicien en construction. J'ai retrouvé un poste au laboratoire de l'université, j'ai donné des cours aux étudiants en géotechnique, puis j'ai créé ma propre entreprise.

J'ai également ouvert ma salle de karaté où j'enseigne et m'entraîne tous les jours. Le karaté m'a sauvé. Je répète souvent que ce n'est pas un sport comme les autres, mais un mode de vie et de pensée. Quand je me sens bien, je fais du karaté. Et quand je me sens mal, je fais du karaté. C'est mon médicament, mon remède, ce qui m'a aidé à tenir jusqu'à aujourd'hui.

Quand j'ai commencé en 1978, je rêvais d'obtenir la ceinture noire et de visiter le Japon. Aujourd'hui, je suis septième *dan* et je suis allé plusieurs fois dans ce pays qui a inventé la discipline.

Je n'aurais pas pu me reconstruire comme je l'ai fait sans ma femme Béatrice.

J'étais très jeune quand je l'ai connue. Nous étudiions tous les deux au collège Saint-Albert à Bujumbura et nous habitions dans le même quartier. Après les cours, nous rentrions ensemble, nous aimions passer du temps tous les deux.

Plus tard, nous nous sommes perdus de vue. Je suis rentré au Rwanda en 1988, elle est restée au Burundi et chacun a mené sa vie. J'ai épousé Jeannette en 1992, Nadia est née. Puis il y a eu le génocide.

Pendant les deux mois que j'ai passés chez mon frère au Burundi après m'être sauvé, elle m'a écrit et nous nous sommes revus. Elle a su comment m'aborder et ne pas me brusquer. À la rentrée 1994, sa famille s'est installée au Rwanda, comme beaucoup de Tutsi de la diaspora, et elle s'est inscrite à l'université en même temps que moi.

À cette époque, je ne parlais plus, je ne racontais mon histoire à personne. J'étais fatigué de répéter l'horreur, encore et encore. Béatrice le comprenait, elle savait que je souffrais. Avec elle, je parvenais à discuter. Nous sommes redevenus amis.

Nous déjeunions ensemble à la cantine et nous partagions le thé l'après-midi. Avec le temps, notre relation a changé et nous sommes tombés amoureux.

Quatre ans après le génocide, nous avons décidé de nous marier. Certains de ses proches ont tenté de la décourager, « Pourquoi choisir ce vieil homme traumatisé ? ».

Il y a un proverbe terrible au Rwanda, que ses amies lui répétaient : « Si ta première femme meurt violemment, ta seconde mourra de la même manière. » M'épouser lui aurait attiré de mauvais sorts.

La mère de Béatrice, qui est très chrétienne, l'a soutenue, « Si Dieu a décidé que vous deviez être ensemble, il faut L'écouter ». Béatrice était convaincue. Elle m'aimait et voulait partager ma vie.

Nous nous sommes dit oui deux jours après son anniversaire, le 3 octobre 1998. C'était une belle cérémonie. Je pensais aux membres de ma famille qui manquaient, mais d'autres, qui n'avaient pas eu le droit d'être là quand je m'étais marié la première fois, étaient près de moi, mes frères Fidèle et Raphaël et ma sœur Charlotte. Mes amis karatékas avaient préparé un kata*, cela m'a beaucoup touché. C'était la vie qui revenait.

Béatrice et moi ne nous sommes plus quittés depuis. Je lui suis reconnaissant de m'avoir accepté

* Enchaînement codifié de mouvements visant à la pureté du geste dans les arts martiaux japonais.

comme je suis, avec mes peines et mes cicatrices. Elle m'a permis d'aimer à nouveau.

Dans les années qui ont suivi le génocide, je n'arrivais pas à regarder les enfants des autres. Je pensais à Nadia et à l'âge qu'elle aurait si elle avait survécu, à quoi elle aurait ressemblé, à ce que nous aurions pu partager.

Quand notre première fille est née, ce sentiment s'est atténué. J'ai été profondément heureux qu'elle apparaisse dans notre existence. C'était un cadeau, une récompense.

Nous avons eu le bonheur d'avoir trois filles. La plus jeune est au lycée, ses sœurs sont étudiantes. Elles ne connaissent pas mon histoire. Elles savent que je suis un rescapé, bien sûr, elles m'ont souvent accompagné lors des commémorations. Mais je ne leur ai jamais raconté les détails de ma survie. Je ne leur ai pas parlé de leur grande sœur Nadia ni de sa mère. Comment leur dire l'indicible ? Comment leur expliquer l'inexplicable ?

La question de leur patronyme rwandais s'est posée à leur naissance.

J'avais donné mon nom à Nadia : Sinzi. Je n'ai pas voulu le transmettre à nouveau. Elles s'appellent Kankindi Nancy, le nom de ma mère, Simbi

Gretta et Ishimwe Jessica, ce qui signifie « Merci à Dieu ».

Lorsque Nadia est née, j'aimais l'idée qu'elle s'appelle comme moi. Je m'étais habitué à Sinzi, je lui avais trouvé un sens positif. « Je ne sais pas » marque le doute et rappelle que seul Dieu décide.

Mais à la naissance de mes trois autres filles, je n'ai plus voulu de ce nom. Il a été sali par le génocide et par la mort. Il est associé à une douleur que je ne veux pas faire porter à mes enfants. Ne pas le leur transmettre, c'était une manière de leur souhaiter une meilleure vie que la mienne.

Ma plus jeune fille Jessica m'a récemment demandé de changer de nom. Elle aimerait s'appeler Sinzi, comme moi. J'ai passé des années à lutter contre ce nom, j'ai demandé des dizaines de fois à mon père de le modifier, et elle veut se le réapproprier. Je ne sais pas quoi lui répondre.

Béatrice est tombée enceinte une quatrième fois. Malheureusement, notre enfant est mort-né. C'était un garçon à qui nous avions décidé de donner le nom de mon père, Gakwisi. Béatrice a fait une hémorragie, elle a failli mourir elle aussi. Dieu a décidé que je n'aurais pas de fils, mais Il a choisi de laisser vivre la femme que j'aime.

*

Ce n'est pas simple de tolérer la présence d'assassins parmi nous.

Cela a été un choc d'apprendre que les deux fils des voisins avaient participé à l'assassinat de ma sœur, de son mari et de ses enfants, massacrés à coups de pierres.

L'aîné est mort en prison, le cadet a été libéré au bout de vingt-cinq ans. Il est rentré chez lui, a retrouvé sa maison, sa vie et sa parcelle. Moi, j'ai perdu ma sœur et mes neveux et je ne les reverrai jamais.

Lorsque nous nous croisons au village, mon voisin baisse les yeux. Je ne sais pas s'il a honte ou s'il a peur. Je le salue à chaque fois.

La haine pollue l'esprit et j'ai besoin de paix pour me reconstruire. La haine est épuisante. Cela fait des années que j'essaye de l'évacuer de mon corps. C'est un combat permanent.

Je n'ai pas toujours réussi à rester calme, comme lorsque j'ai participé aux *gacaca**, les procès populaires

* Les *gacaca*, « gazon » en kinyarwanda, sont des tribunaux populaires mis en place au Rwanda entre 2005 et 2012. L'objectif était d'accélérer le processus judiciaire afin de juger les centaines de milliers de Hutu accusés d'avoir participé au génocide. Dans chaque village, une assemblée de sages était mise en place ;

organisés dans les villages dans les années 2000. J'étais avec mes frères Fidèle et Raphaël. Une grande table avait été installée sur la place principale derrière laquelle se trouvait l'assemblée chargée de juger les tueurs. Les habitants étaient regroupés tout autour et écoutaient silencieusement. Les témoins racontaient ce qu'ils avaient vu ou entendu.

L'homme qui était jugé ce jour-là nous a reconnus. Il s'est tourné vers nous et nous a avoué qu'il faisait partie du groupe qui avait assassiné notre sœur Josépha et ses onze enfants. Il nous a demandé pardon, « Qu'est-ce que je peux faire pour vous ? ».

Je lui ai répondu d'aller trouver une corde et de se pendre avec.

Puis nous sommes partis. C'était insupportable de l'écouter. Aucun de nous n'est retourné aux *gacaca*.

Je crois que c'était encore pire pour mes frères. Les Tutsi qui se sont réfugiés à l'étranger pendant les années de persécution ne sont pas comme nous. Ils ont grandi loin du Rwanda, loin de leur famille. Ils nourrissaient une nostalgie, un rêve de retour mais aussi une colère, celle de ne pas pouvoir vivre chez eux. Ce ressentiment a été décuplé après le génocide.

---

les voisins, rescapés et tueurs, se faisaient face et des peines étaient prononcées. Sur les deux millions d'accusés, un million trois cent mille ont été condamnés.

Mes frères Fidèle et Raphaël étaient fous de rage et n'ont jamais pu apaiser leur cœur. Ils sont toujours furieux aujourd'hui. Lors des commémorations, ils sont nerveux et ne tiennent pas en place. J'ai le sentiment qu'ils souffrent plus que moi. Est-ce parce qu'ils n'ont rien vu et qu'ils doivent imaginer ce qui s'est passé ?

Nous, les rescapés, avons souffert dans notre corps. Nous avons touché la Mort du doigt, nous avons vu ses yeux posés sur nous. Nous avons été blessés et salis. Paradoxalement, je pense que nous sommes plus à même de pardonner.

J'ai appris à vivre avec ma peine et avec mes bourreaux. Et surtout, je m'efforce de ne pas considérer tous les Hutu comme mes ennemis. Les ethnies n'existent plus aujourd'hui, nos enfants sont rwandais et seulement rwandais. Et ce pays n'aura un avenir que si le racisme s'évapore. J'ai grandi avec des Hutu et je fais en sorte de les aimer encore, malgré le génocide. Les meilleurs exemples sont ceux de Jonathan et Aimable.

Jonathan, mon ami d'enfance, était Hutu et moi Tutsi, mais pour nous, ce n'étaient que des mots. Quand il a été renvoyé de l'école secondaire, il a rejoint notre petit groupe de commerçants au village. Nous étions solidaires en toute circonstance.

Il s'est engagé dans la gendarmerie lorsque je suis parti au Burundi à la fin de l'année 1977. Nous ne nous sommes revus que dix-sept ans plus tard, le 12 avril 1994, le jour où il m'a permis de fuir Butare avec Jeannette et Nadia. Sans lui, nous aurions été tués comme les autres.

Je ne sais pas ce qui s'est passé ensuite. Il était gendarme dans l'autre camp, celui des tueurs et des génocidaires. Ce sont des gendarmes comme lui qui ont tiré à la rivière Mwogo et qui ont lancé des obus à l'ISAR Songa.

A-t-il participé ? Au fond de moi, je suis sûr que non et qu'il est resté droit jusqu'au bout. Il a sauvé ma vie et celle de ma famille. Et si j'avais été tué à la barrière le jour où il nous accompagnait, je suis convaincu qu'il aurait pris soin de Jeannette et de Nadia.

À la fin du génocide, je l'ai cherché. Je voulais lui parler et le remercier de ce qu'il avait fait pour moi.

On m'a dit qu'il avait fui au Zaïre. Pendant des années, j'ai mené mon enquête, interrogé des gens qui le connaissaient et qui étaient restés en contact avec lui. Tout ce que j'ai appris, c'est qu'il avait perdu sa famille dans la débandade, qu'il s'était remarié là-bas et qu'il avait eu une fille.

En 2005 ou 2006, il est rentré au Rwanda. Il a été placé dans un centre de réintégration de l'armée, comme tous les anciens soldats qui décidaient de prendre le chemin du retour. Il est tombé gravement malade et est mort très vite. Je n'ai pas pu le revoir une dernière fois et je suis encore triste quand j'y pense aujourd'hui.

Mais sa démarche m'a réconforté. S'il avait décidé de revenir, c'est qu'il n'avait probablement rien fait de grave pendant le génocide.

J'ai fait passer un message à sa veuve. Si elle avait besoin de quelque chose, pour elle ou pour sa fille, j'étais prêt à l'aider, comme lui l'aurait fait avec ma femme et ma fille.

Sa veuve a mis du temps à me répondre. Un rescapé Tutsi qui avait perdu toute sa famille et qui prétendait lui vouloir du bien, il y avait de quoi se méfier. Mais elle a fini par m'appeler. Sa fille Diane terminait la primaire et elle n'avait pas les moyens de payer pour la suite de sa scolarité. J'ai téléphoné à un ami qui dirigeait une école secondaire, il lui a trouvé une place et j'ai acquitté les frais.

Avec ma fille Gretta, nous sommes allés lui rendre visite à l'internat. Je ne lui ai pas raconté toute mon histoire. Je lui ai juste dit que son père était mon ami, que je l'aimais et qu'il me manquait.

J'ai continué à la soutenir jusqu'à aujourd'hui. Diane vient d'entrer en deuxième année à l'université où elle étudie la topographie. Certains autour de moi critiquent ma démarche. Comment être certain que Jonathan n'a rien fait ? Un gendarme en plein génocide !

Ils n'ont pas compris que je ne le fais pas que pour elle : je le fais pour moi. J'aide Diane autant qu'elle m'aide.

Mes sentiments pour Aimable sont encore plus forts. Enfants, nous dormions ensemble, nous vivions ensemble, nous partagions tout, je l'aimais comme on aime un frère.

Adulte, il est devenu responsable de la cellule. C'était une autorité respectée au village. Quand il donnait des ordres, les habitants lui obéissaient.

Il était membre du MRND, le parti présidentiel de Juvénal Habyarimana qui a participé à la mise en œuvre du génocide. Mais cela ne suffit pas à incriminer Aimable. Pendant ces années de dictature, de nombreux Hutu en faisaient partie, on ne pouvait pas accéder à un poste important dans l'administration sans avoir sa carte.

Après mon retour au Rwanda en 1988, je le voyais une ou deux fois par mois lorsque je rendais visite à mes parents au village. Jamais je ne l'ai entendu prononcer un mot plus haut que l'autre sur les Tutsi et nous étions toujours aussi heureux de nous retrouver. C'est à ce moment-là qu'il m'a choisi, moi, un Tutsi, comme parrain de son fils.

Quand le génocide a commencé, il aurait pu se joindre aux Hutu les plus extrémistes, mais il a choisi de combattre à nos côtés à la rivière Mwogo, contre ceux qui voulaient nous exterminer. Puis nous nous sommes séparés. Lorsque mon frère Frédéric est rentré au village à la mort de mon père, ma nièce Chantal m'a raconté qu'il a aidé à le mettre en terre dignement, en empêchant les tueurs de s'en prendre à lui et à sa famille.

Comment s'est-il comporté ensuite ? Je ne le sais pas.

Plusieurs éléments plaident en sa défaveur, mais ils ne sont pas suffisants pour me convaincre qu'il a mal agi. Son grand frère a passé vingt-cinq ans en prison pour sa participation aux massacres avant d'être libéré et de mourir peu de temps après. Mais pourquoi Aimable devrait-il assumer les actes d'un autre ?

Beaucoup de responsables de cellule comme lui ont organisé des réunions et mené la chasse aux Tutsi, mais rien ne prouve que lui-même ait commis des crimes.

Il s'est enfui à la fin du génocide vers le Zaïre avec sa femme et son fils. Certains voient son départ comme un aveu de culpabilité, mais je ne suis pas d'accord. Parmi ceux qui ont pris le chemin de l'exil, beaucoup n'avaient pas tué.

Je ne sais pas si le nom d'Aimable a été prononcé pendant les *gacaca* au village. Et au fond, je préfère ne pas savoir. À mes yeux et dans mon cœur, il est toujours innocent.

Pendant des années, je n'ai plus eu de nouvelles, et je n'avais aucun moyen de le joindre. Et puis un jour, en 2010, il m'a appelé. Il téléphonait depuis le Congo et voulait savoir s'il pouvait rentrer au Rwanda sans risques.

Je lui ai promis que le nouveau gouvernement était bon, que j'étais certain qu'il n'avait rien fait et que je témoignerais en sa faveur si nécessaire.

Il m'a répondu que son fils était mort au Congo, qu'il ne lui restait que sa femme et ses filles et qu'il préférait rester à l'abri, « On ne sait jamais ».

J'ai réussi à le convaincre d'envoyer au moins sa famille que je pourrais aider. C'est ainsi que sa femme Aloïsie est rentrée au village avec ses quatre filles, mais sans lui. J'espérais qu'il reviendrait à son tour, plus tard.

Tout s'est bien passé jusqu'en 2023.

En avril, lors des commémorations, ma nièce Chantal a raconté pour la première fois devant tout le monde comment elle avait survécu, son périple de maison en maison. Elle a révélé qu'Aimable avait accepté de cacher ses parents, son petit frère et elle, mais que sa femme les avait chassés. Le soir même, Aloïsie a fui vers l'Ouganda avec ses enfants. Elle craignait sans doute que Chantal l'attaque en justice.

Sans cet épisode, peut-être qu'Aimable serait rentré, lui aussi. J'aurais aimé le revoir, l'aider, l'aimer comme avant.

Je reconnais que ce n'est pas facile de me comprendre. Mon amour pour Aimable m'empêche d'imaginer qu'il ait pu commettre quoi que ce soit de répréhensible. S'il revenait aujourd'hui, je ne lui demanderais rien, je l'embrasserais comme j'embrasse mes proches. Je l'aiderais à s'installer et à construire sa maison. S'il était recherché par la justice, je le cacherais chez moi. S'il était jugé pour des crimes qu'il aurait pu commettre, j'irais le défendre devant la Cour, puis je quitterais le procès, je ne voudrais pas écouter le verdict.

Et si j'apprenais qu'il était coupable de quelque chose, je serais prêt à lui pardonner. Ma haine ne ferait pas revenir ma femme, ma fille ou mes sœurs. Je me rappelle que sa mère m'aimait, que mes parents le traitaient comme un fils. J'ai besoin de lui, de le retrouver, j'aimerais à nouveau vivre près de lui.

Mes frères et ma sœur n'acceptent pas ma position. Mais eux n'étaient pas là pendant le génocide, ils n'ont rien vu. Ils n'ont pas eu peur, ils n'ont pas entendu les cris des tueurs et de leurs victimes. Ils ne peuvent pas comprendre.

Contrairement à eux, je suis convaincu que mes amis Hutu sont restés humains, j'ai besoin de croire en leur innocence. J'aimerais redevenir celui que j'étais avant. Je veux retrouver la foi en l'Homme.

SUR CETTE PHOTO, JE SUIS ENTOURÉ DE MES TROIS FRÈRES, RAPHAËL (À GAUCHE), FRÉDÉRIC (2^E EN PARTANT DE LA GAUCHE) ET FIDÈLE (À DROITE). JE SUIS LE DERNIER DE LA FRATRIE.

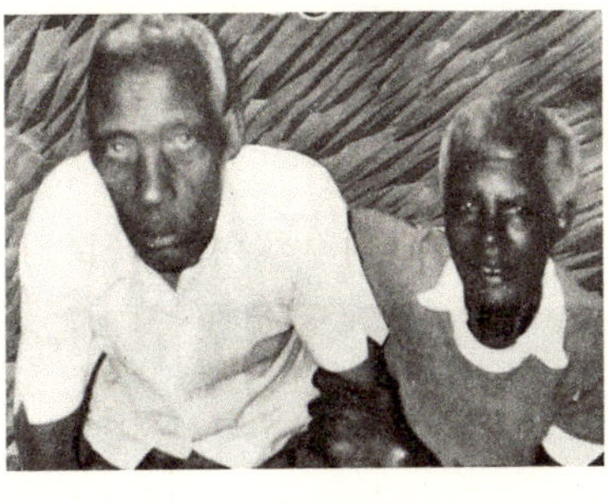

MES PARENTS, GAKWISI MÉDARD ET KANKINDI ODETTE. C'EST LA SEULE PHOTO SUR LAQUELLE ILS POSENT L'UN À CÔTÉ DE L'AUTRE.

AU BURUNDI, J'APPRENDS LE KARATÉ, JE DEVIENS FAN DE CHUCK NORRIS,
JE M'HABILLE COMME LUI, JEAN SERRÉ ET CHEMISE OUVERTE.

NOUS NOUS MARIONS, JEANNETTE ET MOI, LE 25 AVRIL 1992.

NOTRE FILLE NADIA NAÎT
EN DÉCEMBRE DE LA MÊME ANNÉE.

PAR CHANCE, J'AI PU RECONSTRUIRE UNE FAMILLE.
AVEC BÉATRICE, NOUS AVONS EU TROIS FILLES, NANCY (À GAUCHE),
GRETTA (2E EN PARTANT DE LA DROITE) ET JESSICA (À DROITE).

Notices biographiques

Parents

Gakwisi Médard, né en 1912, assassiné pendant le génocide le 21 avril 1994.

Kankindi Odette, née en 1916, morte d'un cancer en janvier 1992.

Frères et sœurs

Nyirarutaza Charlotte, réfugiée au Congo pendant le génocide et ayant survécu. Elle a eu deux filles qui ont grandi au Congo.

Kabahizi Angéline, décédée de mort naturelle dans les années soixante-dix. Ses trois enfants étaient à l'étranger pendant le génocide et ont survécu.

Nyirahweza Félicité, tuée à coups de pierres avec trois de ses enfants et son mari pendant le génocide. Ses trois autres enfants ont survécu, cachés dans des familles Hutu.

Mukamutwa Virginie, décédée en 1989 de mort naturelle. Ses cinq enfants ont survécu ; son mari a été assassiné pendant le génocide.

COMBATTRE

Karangwa Fidèle, réfugié au Burundi pendant le génocide avec sa femme et ses quatre enfants. Tous ont survécu.

Mpayana Raphaël, réfugié au Congo Brazzaville pendant le génocide avec sa femme et ses trois enfants. Ils ont tous survécu. Un quatrième enfant est né plus tard au Rwanda.

Butare Frédéric, assassiné à la fin du mois d'avril 1994 avec sa femme et trois de leurs enfants, dont un bébé qui n'avait que quelques jours. Ses deux autres enfants, Chantal et Gatari, ont miraculeusement survécu.

Mukantabana Josépha, assassinée avec son mari et ses onze enfants pendant le génocide. Aucun membre de sa famille n'a survécu.

Chronologie

1885 : la conférence de Berlin attribue le Rwanda à l'Empire allemand.

1919 : traité de Versailles. Le Rwanda passe sous occupation belge, mandat accordé par la Société des Nations. Les Tutsi, considérés comme une « race » supérieure aux Hutu par le pouvoir colonial, sont favorisés.

1931 : introduction de la carte d'identité mentionnant l'ethnie.

1959 : « Toussaint rwandaise ». À la suite des velléités d'indépendance des Tutsi, le pouvoir colonial renverse son alliance. Les Hutu, désormais soutenus par les Belges et l'Église catholique, se révoltent contre les Tutsi qui sont massacrés par milliers. Des dizaines de milliers d'autres fuient le Rwanda vers les pays limitrophes.

1960 : naissance de Tharcisse Sinzi à Nyagisenyi, petit village de la région de Butare, dans le sud du Rwanda.

1961 : abolition de la monarchie et proclamation de la république. Le Hutu Grégoire Kayibanda est élu président et instaure un régime ethnique dans lequel les Tutsi sont discriminés.

1er juillet 1962 : indépendance du Rwanda.

1963 : massacre d'environ vingt mille Tutsi dans la préfecture de Gikongoro. Nouvel exode massif de Tutsi, dont Charlotte, la grande sœur de Sinzi, vers le Zaïre (aujourd'hui République démocratique du Congo).

Février 1973 : nouvelle vague de persécutions anti-Tutsi. Massacres, expulsion des Tutsi de l'administration, de l'école secondaire et de l'université. Les deux plus grands frères de Sinzi, Fidèle et Raphaël, fuient au Burundi.

Juillet : coup d'État militaire. Juvénal Habyarimana devient président de la République.

Décembre 1977 : Sinzi quitte le Rwanda et s'installe au Burundi.

21 avril 1984 : Sinzi obtient sa ceinture noire de karaté.

1987 : création du Front patriotique rwandais (FPR), principalement constitué d'enfants des exilés Tutsi en Ouganda.

Janvier 1988 : Sinzi rentre au Rwanda après dix années passées au Burundi.

1er octobre 1990 : le FPR attaque le Rwanda depuis l'Ouganda. Dans les jours qui suivent, dix mille Tutsi et opposants politiques Hutu, considérés comme des complices du FPR, sont arrêtés et jetés en prison sans procès. D'autres sont massacrés dans la préfecture de Gisenyi.

18 octobre : Sinzi est arrêté mais échappe à la prison.

Janvier-mars 1991 : massacre des Bagogwe, un groupe Tutsi, dans la région de Ruhengeri, en représailles d'une avancée du FPR. On compte entre mille et mille cinq cents morts, d'après une enquête de la Ligue belge de défense des droits de l'homme.

Juin : face à la pression française, le régime autorise le multipartisme. Des partis d'opposition se constituent, certains démocratiques, d'autres extrémistes comme la Coalition pour la défense de la République et de la démocratie.

1992 : face une nouvelle avancée militaire du FPR, un cessez-le-feu est conclu et des négociations commencent à Arusha. Au même moment, les massacres de Tutsi se multiplient dans le pays, perpétrés par les toutes nouvelles milices *interahamwe*.

Janvier 1992 : Kakindi Odette, la mère de Sinzi, meurt d'un cancer.

Avril : mariage de Sinzi et Jeannette.

Décembre : naissance de Sinzi Nadia, fille de Sinzi et de Jeannette.

Janvier 1993 : signature des premiers accords d'Arusha que le président Juvénal Habyarimana qualifie de « chiffon de papier ». Massacres de Tutsi dans les préfectures de Gisenyi et Kibuye.

Juillet : création de la RTLM (Radio télévision libre des Mille Collines), surnommée « radio machettes ».

4 août : nouveaux accords d'Arusha, prévoyant le partage du pouvoir, l'intégration de la branche armée du FPR à l'armée nationale et le droit au retour pour les exilés Tutsi.

6 avril 1994 : de retour de Dar es Salaam, l'avion présidentiel est abattu par deux missiles. Le président Juvénal

Habyarimana est assassiné. L'attentat est considéré comme l'élément déclencheur du génocide.

13 avril : début des combats de Sinzi et de son groupe de résistants à la rivière Mwogo contre les Hutu de Gikongoro.

19 avril : le président par intérim Théodore Sindikubwabo prononce un discours à Butare appelant les Hutu à accélérer le génocide dans la région. Le discours est diffusé deux jours plus tard à la radio.

21 avril : les gendarmes, armés de fusils et de grenades, attaquent Sinzi et son groupe à la rivière Mwogo. Fuite des Tutsi de la région vers l'ISAR Songa.

28 avril : les gendarmes attaquent l'ISAR Songa à l'arme lourde.

29 avril : Sinzi et un groupe de cent dix-sept Tutsi traversent la rivière Kanyaru et se réfugient au Burundi.

4 juillet : le FPR prend Kigali et met fin au génocide.

14-16 juillet : entre un et deux millions de Hutu fuient vers le Zaïre.

3 octobre 1998 : mariage de Sinzi et Béatrice.

6 septembre 1999 : naissance de Kankindi Nancy.

13 août 2000 : naissance de Simbi Gretta.

26 décembre 2006 : naissance de Ishimwe Jessica.

Juin 2023 : Sinzi témoigne à Paris au procès de Philippe Hategekimana, *alias* Biguma, adjudant-chef de la gendarmerie de Nyanza, accusé entre autres d'avoir mené les massacres de l'ISAR Songa. Il est condamné à la réclusion criminelle à perpétuité.

Remerciements

Je tiens en premier lieu à remercier Tharcisse Sinzi qui a choisi de me raconter sa vie, malgré la douleur que ses souvenirs provoquaient, parfois.

Merci mille fois à Dominique Missika qui, la première, a cru en l'importance de ce récit et m'a accompagné pendant son écriture.

Merci à Léopoldine des Guerrots et Xavier de Bartillat pour leur investissement et leurs précieuses suggestions.

Merci à Isabelle Bouche, Claire Giraud et Judith Simony de chez Tallandier, ainsi qu'à Julie Maeck et Pauline Dubuisson du Mémorial de la Shoah.

Merci à Alain et Dafroza Gauthier pour leur amitié et leur aide.

Alain a également accepté de relire le texte, tout comme Caroline du Saint, Cyprien d'Haese et Feurat Alani à qui je dois beaucoup.

Merci à Stéphane Jobert pour ses photos et son talent, ainsi qu'à Soline Braun à qui j'ai raconté la première fois l'histoire de Sinzi.

Enfin, merci à Bethsabée Zarka pour son soutien, ses conseils et tout le reste.

Table

PEFC
10-31-1510
Certifié PEFC

Réalisation : Nord Compo à Villeneuve-d'Ascq
Impression : Corlet Imprimeur à Condé-en-Normandie
Dépôt légal : avril 2025
ISBN : 979-10-210-6298-6
Numéro d'édition : 5162
Numéro d'impression : 25020140
Imprimé en France